童眞著

童真自選集之七

霧中的足跡

文史哲出版社印行

國家圖書館出版品預行編目資料

霧中的足跡 / 童真著. -- 初版. -- 臺北市：文史哲, 民94

頁： 公分. --（童真自選集；7）

ISBN 957-549-631-0 (全七冊平裝) -- ISBN 957-549-638-8 (平裝)

857.7

童真自選集 7

霧中的足跡

著 者：童 眞
出版者：文 史 哲 出 版 社
http://www.lapen.com.tw
登記證字號：行政院新聞局版臺業字五三三七號
發行人：彭 正 雄
發行所：文 史 哲 出 版 社
印刷者：文 史 哲 出 版 社
臺北市羅斯福路一段七十二巷四號
郵政劃撥帳號：一六一八〇一七五
電話886-2-23511028・傳真886-2-23965656
實價新臺幣二二〇元
中華民國九十四年（2005）十一月一版

ISBN 957-549-638-8

1

一九九三年冬，是陳森和我在美國過的第一個冬天，外面大雪紛紛，室內爐火熊熊。

一九九六年盛夏，童真剛過六十八歲生日，在美國新澤西州自宅後院留影。

一九五五年冬（民國四十四年）初春，童真獲香港祖國周刊短篇小說徵文李白金像獎。合影留念。

一九六一年童眞與她的四個稚齡兒女留影於高雄橋頭。

一九八三年攝於台中亞哥花園。

一九八七年初冬，童眞與夫婿陳森初訪紐約，在世貿大廈最高層留影。現世貿雙塔已毀，背景已不能再得。

約在一九六〇年新春，童眞、陳森與姜貴及司馬中原夫婦在高雄橋頭糖廠宿舍區合影。

一九六四年初春，右起張秀亞、童眞、聶華苓、陳曉薔在大度山東海大學校園內合影。

陳森、童眞、公孫嬿艾雯、朱介凡夫婦、依風露夫婦在台北朱介凡兄住屋前合影。

一九八八年春，童眞與長子、長孫、次子夫婦合影於潭子老宅門前。

一九九六年炎夏八月，童眞與夫婿陳森及四個兒女攝於新澤西州女兒家後院。

一九九八年秋，童眞與么兒一家攝於新澤西州自宅後院。

二〇〇三年初秋，童貞與兄、嫂、姊攝於上海。

二〇〇三年秋，童貞與長子在上海魯迅紀念館魯迅銅像前留影。

二〇〇一年秋，合家在新澤州自家客廳合影。

二〇〇三年十月，童眞在上海城隍廟先祖創業的童涵春堂門前，與分別五十六年之久的姐姐合影。

二〇〇四年夏，童眞在美國著名總統山前留影。

二〇〇四年八月童眞與長媳同遊加拿大哥倫比亞冰川。

民國五十六年（一九六七）五月四日，童眞獲文藝協會頒發的文學小說創作獎。爲今，時隔近四十年，老年童眞首次與此獎合影，並把照片收進「自選集」裡，這表示感謝，同時也給自己過去的努力留下一個紀念。

二〇〇五年五月，童眞與么兒一家留影於寓所。

二〇〇五年八月，童眞與長孫及外孫在屋前草坪上合影。

二○○三年秋，童真由美返台，與幾十年的老友艾雯聚晤。她家客廳雅致清麗，兩人並肩而坐，彷彿時光倒流，兩人都回到往昔的年輕歲月裡。

二○○五年九月，童眞由美返台，與老友司馬中原夫婦合攝於台北。

童真自選集

霧中的足跡

目次

前言

歲月的飛輪不息地奔馳，在悠邈的時間大漠中激起一串細碎清越的鈴聲；記憶卻總是似風似雲，無聲追趕，輕輕拂撫。多少年了，總是忘不了年輕歲月裡炎夏與寒夜的苦寫，瘦弱的我，內心裡卻澎湃著對小說藝術的欲燃的熱情，恍惚中總切盼著，跨上的是匹千里馬，揮鞭響處，馳騁萬里！然而，卻忽略了自己不過是個跛腿的勇士，在夕照下，只映繪出踽踽獨行的孤影！

近十幾年來，我寄身異國，「漂流」兩字，常灼痛我的雙眼，想起在我小小的小說世界中，出現的，也多是一些在「異鄉」「漂流」的人群，而我自己當然也是其中之一個。正因如此，他們的喜悅與悲痛、堅忍與落寞、尊嚴與憤抑、驕傲與偏見、迷惘與失落……曾深深地滲透了我的心；我塑立了他們，也就是想鐫錄下我曾經貼身生活過的那塊土地、那個時代裡的人物與情景。

我是在一九四七年秋，跟隨外子陳森離開上海，來到台灣，至今已有五十八個年頭。陳森在二零零二年秋以九十高齡在美去世，而當年正青春年華的我，今日也早已成爲一個白髮閃閃的老媼。歲月無情，我們這一代人，正逐漸地，更多地、走入歷史。因之，此時此刻，在我仍健朗未凋之際，緊繫在我心頭的，不是我那些早已成家立業的兒女們，而是我的另類兒女—我的小說兒女們。猶憶他們誕生的當時，也曾贏得過不少的掌聲；而今，我勇敢地再次把他們推陳在讀者之前，讓眾多的目光檢視他們：經歷了三、四十年的風風霜霜，他們到底還留存幾許丰姿！

童　真　寫於新澤西寓所

二零零五年八月

「霧中的足跡」再版序

橋在這裡，橋在那裡，
橋在大霧之中；
我在大霧中行走，
找尋牠！

久居鄉間，我常有機會在清晨的霧中散步。大霧浸淫着天地，周遭是片浩蕩如海水的白茫景色，我分辨不出在稍遠之外的任何東西，但我卻仍注意着向我迎來的筆挺的行列樹——枝葉間冒着一蓬蓬的白煙，看去猶似剛燃燒過的大火炬。在霧中，世界是新世界；在霧中行走，我有一種奇異的感覺：我彷彿在找尋一樣東西——一座橋。我不知道那座橋在哪裡？牠離我有多遠？但我確信牠的存在，而且也知道牠的模樣。牠是古雅的中國風的月洞門橋，用水磨過的青石砌成，矮矮的橋欄上雕着細細的水雲紋，橫跨在那柳影絲絲的河水上。或許每個人的心目中都有一座屬于自己的橋；有的雄偉，有的小巧，有的華美，有的拙樸。而我自己，就因爲有那麼一座橋在我的前方，我在霧中的脚步才變得踏實而堅定，我在霧中的心情才保持着欣悅而開朗。找尋復找尋，辛勞的滋味雖苦，希望的滋味却甘。而在找尋的途中，我留下了一些足跡——「霧中的足跡」一書，即是其中之一。

「霧」文寫于五十三年，初版于五十四年。印下了這一步之後，我找尋的方向大致有了一個範圍；于是，我接連跨出了好幾步，寫下了「車轔轔」、「夏日的笑」、「寂寞街頭」以及「寒江雪」四個長篇。我希望自己有足够的信心與毅力，在這樣的大霧天裡，多留下一些找尋的足跡。

「霧」書再版，我另外加入了一篇司馬中原兄爲該書所作的評文（發表于五十五年），我之把牠放在文前，不僅因爲細讀九遍「霧」書的他，對牠似乎比我更瞭解，更因爲該文博麗深微、精闢熠爍，是他那一創作階段的一篇力作。他之撰寫這篇評文，並不是要我感激他，但我還是要在這裡衷心地謝謝他。

童真一九七一年（民國六十年）五月十六日於彰化溪州

論童眞

「階段論評」

司馬中原

自「黑烟」至「霧中的足跡」，作家童眞的創作歷程極爲艱辛。就「黑烟」、「愛情道上」、「霧中的足跡」、「彩色的臉」順序觀察，她作品的引昇線不是緩緩的斜面，而是壁立的懸崖；在無數挫折與困扼中，她反覆試煉，奮力掙扎，終於越過層層阻障，使「霧中的足跡」一書，具有深度內涵與精純表達，同時顯露了她自我攀越的力量。

嚴苛說來，「黑烟」只是童眞試煉性作品的綜合。那一時期，作者自知她龐大的創造野心與其內在經驗世界的週極不成比例，形成過重的荷負、過巨的精神壓力；但她仍像一隻蜘蛛，在風暴中綴網。

循有限經驗方向線緩緩蠕行，是當代多數女性作家表達面狹窄的自然導因；而童眞渴欲從中躍起，拓廣其表達境界，同時以超常的勇敢急切求新。這樣和「題材」、「表達」兩面作戰的結果，她所受的壓力也是雙重的。

「黑烟」及「愛情道上」兩書，就是泥濘的沼潭。

就其生命背景、成長環境而言，童眞不是鷹隼，亦非鵬鳥，故其作品，亦無穿透歷史或俯瞰人世的動向。她初期的短篇作品，恆以其理想的生存境界爲中心，欲圖構建成一圈圈縱橫柔密的閃光的環繞。她精神的質點與作品的價値，全建立在內發的眞誠上。她創作的道路，不是單一的直線，而是一面綜錯的網。有待評論的，不是這網，却是她第一階段綴網的過程對於她作品的影響。

以「黑烟」言，童眞綴網的幅度太濶而缺少攀援。她對題材的意識和題材的取擇面與其本身經驗的相對比量後所產生的差距，顯然未加反覆考慮；她已經把她思想的觸角探入烟雲疊壓的歷史，探入熙攘喧呶的大千世界，雖未直入中心，亦已觸及邊緣，這動向對於她這樣一位女性作家而言，是極爲艱危的。張愛玲以久經歷練的筆觸寫「秧歌」那一角空間能够成功，而在「赤地之戀」後段寫韓戰戰場仍歸失敗，就是實例。從進入實體生活到抽取生活思維，除經歷較長時間，別無他途。童眞初期所遭的困扼，實源於她過度的勇敢。

一個纖柔的捲入風暴的綴網者，立即感受風暴的無情，歷史烟雲滙集成的暴雨迷亂她的眼目，大千世界捲揚的狂風使她頓感失重的飄浮。「生活：更多的生活！」是她沉默的吶喊，從那些作品，不難覺出她——一個嚴肅的文學創作者，面對文學莽原所產生的凜懼的戰慄！……這正是她可敬的不屈的象徵。

這只是她戰場的一面——思想與題材的戰場。

在表達上，童眞一開始對於藝術的完美鑄現的追求，就嚴苛到她本身力所不及之處。不只童眞如此，任何一位誠實的創作者都是如此的。在早期，童眞的短篇作品就顯示出現代感覺和淡淡的現代色彩了。「黑烟」所收各篇，就氣韻說，是清麗典雅的；但如與她近期作品「彩色的臉」一書相較，就顯出若干缺失來了。

「黑烟」時期的童眞，文字仍過份沉實，缺乏靈敏的躍動性；這使她在創作手法上，大半仍採傳統的結構形式，無法表露全新的面貌。作品的節奏，亦因文字的單線性未能破除，而顯得迂緩。更大的困難，產生在對於廣幅度的混亂時空的高度壓縮與掌握，內在經驗世界原層的徹底揭現，已逝情境的適時召喚與適度顯陳。這一連串緊密連鎖的環結上，童眞猶似一個跳繩的拳手，她必須先有靈活的脚步——這脚步就是文字的張力，否則必定碰索。「彩色的臉」一書，使童眞獲得極高的評價，被譽爲成功的現代作家，這評價正是她初期碰索的結果。

較重的障害還非文字。過份擁抱「主題」的傳統創作意識的牽絆，使「黑烟」中的作品，幾乎被固定得失去彈力，失去連鎖撞動的力量，而蒙上一層「論理」、「說教」的烟霧。在這一面戰場——技巧的戰場上，童眞失敗較多，而收穫亦多。

由於她對於人生忠實，對於藝術眞誠的基本態度，使她一直固守沉默，更能在沉默進程中自察自省；通過了「黑烟」，正嚴格的考驗了她的勇氣、毅力和恆心。她喘息未定時所產生的第一部長篇「愛情道上」就是她勇於嘗試的說明。

「愛情道上」的取材是單純的，它與童眞的經驗方向有着密切的關聯，但它並沒達到作者預想的那樣的成功。童眞在寫作「黑烟」時，由於文字沉遲，往往寫「人」時難以兼及寫「景」，寫「景」時又乏餘力寫「人」；稿成後雖人景兼備，但仍無法構成渾然一體的境界。「愛情道上」一書，童眞取其最熟悉的浙東小鎭——章鎭爲背景，那兒是她安度童年的家鄉，也是她早期經驗世界的中心，人物活動其間，實應充滿色彩濃郁的鄉土風情。

或由於迢遠時日的冲擊，使童眞的記憶面貌朦朧。「愛情道上」的背景，只是一片概念性的浮誇的描繪；本身既少特性，對書中人物亦乏深刻影響。這對於一位不以情節取勝、而以境界取勝的作者，已經構成一項嚴重的挫折；再加之「愛情道上」，故事本身的節奏紆緩，更使全書陷入難耐的沉寂中——這缺失仍是由文字過份沉實造成的。「愛情道上」的創作，並沒能突破「黑烟」時期諸多障害的網罟，極爲顯見。但這些障害，在「霧中的足跡」一書中，已經完全被童眞破除了。

「霧中的足跡」是童眞極爲堅實的產品，一幅精緻的東方的錦綉；她自其經驗世界的深微處作小角度的切入，托現出一些已逝時代中常見的眞實人物。像揹負着男性傳統優越感而又渴求眞實愛情的文岳青，亟圖以本身勇氣摒除傳統囿限、追求理想愛情的林範秀，叛逆社會不合理壓力、顯彰獨立自我的江易治，接受新教育薰陶、感受新舊觀念冲突、而實際身受其痛的林範强，純情而天眞、涉世不深的許舒英，質樸不文的長春和小梅……她把這些眞實人物放置在自流井產鹽地這樣眞實的背景上，任他們按照各自本身的意識去決定他們自己的命運和歸宿。

這樣嶄新的手法運用於長篇作品，是一項空前的嚐試，因它破除了傳統的「架構」方法。「霧中的足跡」不是刻繪愛情的「故事」，而是那一時代人生的顯形。在書中，童眞隱退了，她既非旁述者，亦非代言人；她唯一繪出的，就是她所親歷的時空背景，她把那些眞實人物，融在那樣的背景當中。「霧中的足跡」所表達的愛情悲劇，不是出諸童眞的臆想，而是出諸時代的壓力；不是出諸外在的行爲，而是出諸內在的意識；不是限於悲劇的主人，而是所有那一時代人物的無告的沉愴。

一般人看民族悲劇，都著重在縱向的脊線上；沉默的童眞，却自細微處掌握了它的神髓，而且順隨著歷史的根鬚，毫不露骨的披現了它。作者自己說：「我寫霧中的足跡的動機，無非是想抓住那個時代的情景、人物、思想、衣飾……給那個時代留下一角剪影而已。」這實在是作者的謙詞。她該知道她所剪出的這一角子小小世界中，一群眞實平凡的人物的活動所產生的悲劇，正是民族悲劇的導因之一——傳統意識廣延所形成的普遍社會意識中不合理的壓力給予人的桎梏，使順服者失去自我（如文岳青），使爭抗者蒙受犧牲（如江易治、林範秀）。童眞不但通過這些悲劇人物的心靈，無聲的批判了它，同時給予犧牲者以崇高的代價——成就了更年輕的一代，幫助他們脫離禁錮。這代價的價值是肯定的，她肯定愛心換得的安慰。

在「霧中的足跡」一書中，我讀出了作者在一貫固守着的沉默中所發出的思想的聲音！她毅然以其內發的靈明，揭現了人生和社會的假面，批判了社會意識和殭固的道德概念，建立了她自己的人生和道德觀點——溫和的諒解，廣博的眞愛，春風般溫暖的人道和自由。

從整體結構上看「霧中的足跡」，它是緊密而自然的。它從外在事象上，人物形象上，內在感應上，綜錯回伸，滙入範秀的心靈，襯示她的生命背景，流露她的心象，增強了這位女主人心理發展過程的或然力量。書中描述友群失去母愛的寂寞，熱鬧場合中範秀內蓄的淒淸，迷離景物給予一個傷心人的撞擊，都是有力的預示——預示着一場女性被束縛的生命即將興起爭抗！作者緊握着這條線索，緩緩的逐步鍥入，使範秀的心理因素不斷成長、加濃；然後，急速的劈破空間，推出江易治這樣一個不羈的人物來。

像範秀這樣一個被社會讚譽爲溫柔賢淑的少婦，有着文岳青那樣被社會公認爲得體的丈夫和友群那樣活潑的孩子，竟和江易治發生了愛情，依古老的社會道德觀念，原是一項不可原宥的「罪」行。但童眞立即寫出文岳青逃避愛情而被社會意識所翼護，是不合理的。她勇敢的肯定「愛情」的眞純性，肯定它必須在公平人道和無羈的自由中方能產生。

作者的筆下並不批判文岳青個人，對他反而深懷同情和悲憫；因爲他是傳統中不合理意識壓力下的犧牲者，他失去愛情，只因他温順和善良，放棄了對其自我生命前途的爭抗。

作者寫江易治和林範秀的相戀是極爲含蓄的，僅止於心靈相通的眞純情愫而已，但這卻是無數無數無法推翻的眞實的廣延。作者同時寫出另一對有情人——林範强和許舒英，在相愛中所遭受的社會落伍意識的阻力——門第、財富、臉面等諸多與「愛情」無關的因素。這阻力由百堅嬸這活生生的人物內心流現，無異替普世自私、固執、不解「愛情」眞諦的母親描出一幅自映的畫圖。經由這一支線，使人聯想當初文岳青與林範秀的結合，這是童眞的縮短時間、濃化空間的絕筆！不單這樣回映，童眞更寫出又一對有情人——長春和小梅，作爲自由無羈的愛情的懸示。長春和小梅的生命是原始眞純的，他們沒有從書本知識中接受什麼，他們相愛就是相愛，較少內在衝突，在對於「愛情」的觀點上，童眞用他們畫出了人們的未來。

這三條線索——一條主線，兩條副線，同在同一時空中遊行，互爲比示，互爲襯映，毫不顯得散亂與迫促，這是童眞在此書結構上一大凸出的成就。

從文字運用上看「霧中的足跡」，作者幾乎有了奇蹟性的躍展，一反往昔的沉遲。童眞的文字在此書開始，就顯得那樣輕靈活躍。適切的比興，美妙的深深淺淺的描繪，神奇的隱喻，俯拾即是。她從景物中寫人物，用人物的眼寫景物，以人物的心串連事象物象，都寫得恰到好處，再無浪費和虛浮不實的誇張。

早期童眞的語詞，文字感略重。這積習，在「霧」書中消失了，再難見到那些冗長平淡、語詞通俗的句子，使人能直接挹汲書中情境，渾然忘却文字的存在，祇感覺清麗跳脫的美。全書雖大半刻繪人物的心理過程，却無沉重乏倦的氣雰。她轉筆寫人，輕鬆灑脫，景物自現；她轉筆寫景，景在「人」心，情景人物水乳交融，渾成一體。「霧」書經九次詳讀，祇發現極少數的對話仍嫌「文」氣較重，如：

「對於一個美人兒，暴君也會變得心平氣和的。」

——文太太語。

「你應該在一望無際的草原上騎馬馳騁……」

——文太太語。

文太太（範秀）雖接受過新式教育，也不至在日常言語中加進「暴君」、「一望無際」、「馳騁」等字眼的；尤其是後段所引的話，是對下人長春說的，顯得更不調和。這些極少數修飾過當的地方，該是書中小疵，也正是作者「黑烟」時期文字的斑痕。

作者說：「爲了要使書中各個人物不像木偶，而是活人，所以我用了較多的現代手法。」誠然，從「黑烟」到「霧中的足跡」，童眞在表達進向上，是逐漸經由若干局部試煉，穿出傳統表達方式，歸向現代的。「霧中的足跡」一書，主要進行縱線有明暗兩條，一爲由人物所產生的事態，一爲範秀心理變化過程；人物心理影響事態發展，事態發展復促成心理的變化。童眞以其靈活筆觸，寫盡了這兩者之間混亂難分的糾纏。

童眞的求新，是經歷千錘百鍊後，作品精度的擴張。她不是一個狂亂的現代主義者，常以世間難解的喧囂與夢囈裝飾其本身的貧乏與空無；她有她自己卓立的精神，光照她自己的文學前途。她所追求的「新」，純係表達技法上的創新。「霧」書中的若干憧憬與回溯，不但筆致極美，時空迴轉，而且流浮着人物心中不可驚觸的夢幻。這都是當代作品中鮮見的。現代文學的發展，本是多面性的，各具不同的風貌——生命的風貌。就作品而論，陳映眞，童眞，舒凡，都已站立在顯著的位置上，因他們分別深度的表露了他們自己獨立的形象。

然而，「霧中的足跡」仍有比較嚴重的缺失存在着。當林範秀決定收拾行囊，藉歸省老父爲由，欲偕江易治離川赴滬前夕，作者安排其黑夜登樓，至長春寢處尋覓女婢小梅，慌亂失足，傷腿成殘，作爲悲劇產生的關鍵，這是不智的。「偶然」及意外「巧合」所造成的行爲悲劇，力量極其薄弱；假如這「偶然」不發生，悲劇性豈非隨之消失？

依照林範秀一連串的心理進變過程，這個決定與江易治分離的關鍵，實應產生在孩子——友群的身上。遠行前，範秀發現友群長期孤寂，渴求母愛，豁然喚醒她作爲一個母親對於子女的眞純情愛、及無可卸脫的責任，由之與起內心矛盾和掙扎，豈非更能增加悲劇的重力？以範秀的本身氣質而論，是極可能如此的。童眞寫了，但寫得不够，必須寫到江易治能諒解而灰心，方够力量。（依江易治的性格，很容易諒解母愛的。）

儘管這項缺失減弱了「霧」書的悲劇力量，就全書的深度而言，它仍是當代堅實的作品之一，它當視爲童眞在創作過程中第一階段攀援的脊線。

在文學的荒野上，童眞寂寂的生長着。「霧中的足跡」一書，該是一塊經女媧煉就的彩石。古致的色調，美麗的斑紋，令人愛不忍釋；但願在未來，能有更多這樣的彩石，補起我們仰望中的一角荒天。我們相信，她這樣生長下去，有一天，她將會成爲我們的驕傲；驕傲於我們文壇曾擁有一個沉默、堅實的名字，以及她閃光的作品。當她的新作「車轔轔」推出之際，我們更有着渴切的希望。

一九六六年民國五十五年六月十二日

這一陣來，文友群愛上了一種單調的音樂：霧中的馬蹄聲。他感到自己猶似裹在雪白的天鵝絨裡，傾聽着那「唱新聞」的瞎子用竹片製成的擊板敲打出來的聲音：得得，得得；最簡單的原始音樂，伴和着淒美動人的故事，一個又一個，贏得人們一遍又一遍的嘆息。

「文少爺，你可要騎得小心呵！」馬夫長春說。

友群的騎術並不高明，長春對這比友群自己更清楚，他現在能夠騎在馬背上，沒吓得滾下來，這該是長春的功勞。長春彷彿是個牽引着孩子學步的保姆，對于馬上的友群，雖有一份驕傲，但也揉雜着更多的關切。

「長春哥，你放心，你瞧，我這副樣兒，跟三個月前，不是完全不同了?」友群自豪地回答，還撫撫馬鬃，一派馬上英雄的姿態。他想，在江南老家，他有一只養得肥肥的黃狗，他喜歡把牠當馬騎；有幾次，他也被牧童扶到牛背上去；但他却從來不會想到自己竟會有一匹川馬。老實說吧，他一聽說要離開家鄉，的確很不高興，千山萬水的，祗爲了到這個出產井鹽的地方來。誰沒吃過鹽，爸爸眞是的！他老家餘姚的鹽不也是括括叫的，難道祗有自流井的鹽才是珍珠？但他祇在心裡嘀咕，可沒說出來。好，去就去吧。但一到自流井，他就推翻了原來的想法，而愛上了牠。又是溪澗，又是青山，又是霧，又是馬……

清晨，滿山滿谷的白霧。友群騎着馬上學去，長春跟在他後面。那匹棕色的馬兒老福，馴馴順順，從不撒野，宛如牠也跟長春一樣，曾經友群母親的叮囑。老福從家裡出發，先走下山坡上的石階，登上文昌閣的石階，然後走在溪邊的細沙路上。溪水在下面十幾丈處奔流着，如一把晶亮的巨型利刀，把自流井切分爲二。他們順着溪流朝東行進。友群逐漸地感到太陽在用金鈎子一層一層撩開霧幔。到渡口時，霧已薄得像張網。那六里路眞是够悠閒的，他希望是六十里，走他一上午。但他這樣想，却絕不是因爲他是一個頑童。他可以賭咒！

他就讀的東昇寺小學，位于對岸的山坡上，密密的橘林圍着牠。他倒並不喜歡那片橘林。他老覺得要不是那橘林擋住了他的視線，他站在校門口，就可以跟住在斜對面山上的人家招手了。譬如說吧，學校哪天放學早，他要長春早點來接他的話，那他就可以拿條紅綢子，向那邊揮一揮。他把這個想法對長春說了，長春却回答這根本不可能，即使把那片橘林砍光了，不僅這兩座山，南北離得這麼遠，而且那兩座屋子，東西也相差好幾里。他可不相信這話，兩人老爲這爭論，但事情就有這麼有趣：誰也勝不了誰；因爲誰也無法把那片橘林砍光。他們越爭論，却越要好。天知道，這是怎麼搞的？文友群慶幸他母親不知道他們在這麼瞎鬧，他們是在寂寂的細沙路上。

「文少爺，你可要騎得小心呵！」長春又在說這句老話了。這會兒，他輕輕地把友群托到馬鞍上，又把友群的書包掛在自己厚實的肩胛上。後面是些瞪起兩眼望着他們的友群同學。

文友群不耐煩聽這句老話。難道他是一個永遠長不大的孩子嗎？他實在是很結實的，比他的那個前年生病死去的妹妹，不知要壯上多少，祇不能跟眼前的長春相比。長春如根活的石柱，你去碰碰他，身上到處都是硬梆梆的。長春這鐵漢子就喜歡把他當娃兒。他一生氣，韁繩一勒，雙腿一收，馴順的老福就撒開蹄子，如飛地奔下山去，害得長春在他後面直嚷、直跑。友群猜想他該奔得氣喘吁吁了，這才讓老福慢下來，這時，山路已盡，溪流橫在前面，不遠處就是渡口了。

跑近來的長春好生氣，棕色的臉龐脹成紫檀色，顆顆油漬似的汗珠綻在臉上。他揮去汗水，從友群手裡奪過韁繩，目光烱烱。

「文少爺，你別逞能，摔斷頭頸，我長春可担當不起。老爺一光火，告我一狀，我起碼也得坐半輩子的牢。」

友群哈哈大笑，幾乎從馬背上翻滾下來。

「你吓唬不了我。騎馬不讓馬兒跑，這算什麽？爸爸在鹽務稽核分所裡辦公，你問問他看，鑿了鹽井不讓人熬鹽，有這規矩沒有？」

「不是不讓馬跑，」長春的口氣軟了下來。「祗是你還不到時候。你現在幾歲？」

「我十歲，民國五年生的。」

「還小着呢！」

「你十歲的時候呢？」

「呀，你跟我比？我是吃這行飯的！」他顯然無意在這件事上跟友群爭執下去，就連哄帶騙地說：「你文少爺跟我最要好，最要聽我的話。你在對面的細沙路上，去讓馬兒奔跑，倒是沒關係的，這兒山上，鬼樹枝最會拉人的衣裳。」

兩人到了渡口，友群跳下馬來。他們兩個落得把這話題遺在這邊岸上，讓船夫把他們跟老福送到對岸。長春一上岸，猛然在大腿上拍了一巴掌，彷彿友群又獨自騎着馬，跑了。

「你瞧，剛才老福一跑，害得我把要緊的事忘記對你說了。我的腦袋是個空心竹筒，裝下一件，落了一樣。」然後湊近他，貼已地：「文少爺，你今兒回家千切別吵鬧。老爺、太太要到大安寨的許家去，小梅偷偷跟我說：如果你乖，太太會帶你一起走。」

友群等不及讓長春托上馬背，就一脚踩住馬蹬子，躍上馬鞍，回過頭，向右前方瞥去。大安寨孤零零地聳立在那裡，像只巨大的石墩；一道矮垣圍繞着挨挨擠擠的房屋，增加了牠們的神秘氣氛。

「跑吧，老福！」友群又出其不意地來了剛才那一手；飛躍的蹄下，濺起的細沙像水花，把長春遠遠地撇在後面。

二

雖然友群是這樣回家的，但他走進屋子去時，却已是規規矩矩的了。他是道地的江南孩子，清秀白皙，祗要他靜下來，他就像個有教養的乖孩子。屋子緣山而築，一座高似一座。友群走到後面母親的臥室，不啻爬上了一列樓梯。靠着窗口，借着夕陽餘暉，母親坐在梳妝枱前，面對着橢圓形的大鏡。圓角的桃灰緞襖上覆着盥洗時用的白紡綢披巾。小梅緊站在背後，用紅艷艷的珊瑚骨針將幾根不安份的髮絲嵌進梳好的橫S髻裡去，然後用手輕攏住髻，把一根翡翠簪斜地從右邊插到髻心。友群以為他那落葉般的輕悄脚步並不會報告他的來到，不料，小梅却突的回過頭來，向他眣眼一笑，顯然，她的意思是：長春把我的話傳到啦。

小梅又拿起一面鏡子，兜在文太太的腦後，讓文太太瞧。文太太在鏡中看了又看，最後却看到了友群，但她却沒立即開口，心思還用在頭髮上：要不要在髮上再添一件髮飾？例如，母親遺給她的那朵珍珠串成的茉莉花。噢，還是免了。不要搞得土里土氣的。她來川之前，在上海住了半個月，添了些衣服；她就從沒瞧見那些俏太太們把頭搞成個花圃。上海的梳頭娘姨簡直是些魔術師，譬如說，這種大方俏巧的橫S頭就是她們的創見。你別以爲簡單，你以前想到過沒有？她去上海之前，就從不會看到過牠；她來這兒之前，這兒的人也從未看到過牠。她還算機警，知道帶不走一個梳頭娘姨，就讓小梅學會了這一手。老實說，就這麽一件事，讓她跟小梅出足了風頭。小梅這丫頭，人倒是最伶俐的，祇是她不肯把讚話掛在嘴邊，怕把小梅寵得不像一個下人。

「太太，少爺回來了。」小梅這時才說。她確是够乖巧的，剛才不說，因爲文太太沒瞧見，這會兒說，因爲知道文太太已經看到了。而且，她這話聽起來雖是平平常常的，沒參加任何意見，事實上却含有一點探索的意味。如果文太太爽快地說：「好啦，你去忙少爺吧。」那就表示她對頭髮已經稱心滿意了。小梅縱然喜歡賣弄這一套本領，可也怕太太挑東剔西的。她在上海爲太太第一次梳橫S頭時，一連梳了五次；梳得她直想哭，幸虧有老爺在一旁替她解圍：「這一次，就這樣算了。範秀，你怎麽能叫她一下子就梳得跟上海梳頭娘姨梳的一樣好？心越急，柴越濕，拆了五次，別說她第六次也準梳不好，怕你的頸子也受不了……」到底把文太太勸住了。她眞有點感激老爺。第二天，她爲太太梳頭時，就加倍小心，不讓髮梢像扇子似地散出來。不知怎樣，想到她的成功，就連帶想起這些；欣悅中揉着一點兒碎玻璃似的辛酸。

文太太用手小心地按了按後腦，對鏡中的自己重又打量一眼，然後側過頭去，招呼友群：

「友群，回來也不喚媽，呆在那兒幹什麽？」

「我看媽正在忙。媽要出去？」友群斯文加上老成，說話就像一個小大人。穿着寶藍線春夾袍，黑直貢呢圓口鞋，他靜靜地走過來，站在文太太的右側。十歲的孩子，說懂事並不懂事，說不懂事却也實在懂得很多。他最清楚母親的脾氣。她喜歡馴服異常的孩子，尤其是出外作客時，她希望他能變成「八哥」，叫他說話時說話，叫他安靜時安靜，而他，爲了要想下次再能出外作客，所以暫時也總是裝做一只聽話的八哥。

「是的，我們要出去，你跟我們一起去。小梅，你給他去洗個臉。」文太太說着，讓小梅把披巾卸下來。小梅用牠熟練地揮去落在文太太身上的髮絲，然後又把她要佩的珍珠耳環拿出來。文太太拿牠湊在耳根上比了比，看看倒是很相襯。她的臉近乎鵝蛋型，但不是一個十分可愛的鵝蛋，而是一個嚴肅的鵝蛋。她也常常笑，但總笑得不太溫暖，有一點保留和幽沉，宛似深院大宅內溜進來的一抹陽光，雖然閃爍，但終究敵不過重重疊疊的陰涼。文太太自已對這也約略知道，所以，她在佩上耳環以後，又在白淨的臉頰上搽上一些胭脂，來減少她冷漠的色調。亮燦燦的大鏡，反映出她的明麗與年輕，倒不像是個有十幾年婚姻生活的婦人。她忍不住再端詳一會，這才覺察小梅跟友群，已不在她背後了。

他們到前屋去了，她知道，是她自已叫小梅替友群洗臉去了，但她却不喜歡他們一聲不響地走開。她不願他們這樣怕她。外面，山岡跌沉在黃昏的最後光輝中，祗有參天的銀杏樹無助地撐着牠的長手臂。她希望友群此刻仍在她的身邊，甚至是，她希望她此刻自已去替他洗臉。他們兩個，小梅跟友群，此刻一定很快樂，他們在她背後總比在她面前快樂；他們以爲她不知道，其實她什麼都清楚，祗是沒說吧了。這會兒，小梅該已盛了大半盆的溫水，在替友群擦臉了，然後又會蹲下來，替友群洗腳。他們倆有說有笑，或許旁邊正站着馬夫長春，他會勸告他們少用點水，因爲水是從山下的溪裡挑來的，一共是兩缸，專供洗用；另外兩缸是從四里外的藍家園子裡挑來的，專供吃的。長春把牠們分得一淸二楚，毫不含糊。長春做事頂認眞，她喜歡他這一點。

臥室裡的光線在開始減弱，她幾乎看得出光亮是如何地在退走。雖說她馬上要去赴宴，面臨一個許多紳士淑女聚在一堂的集會，但她心裡却仍充塞着這些無關緊要的瑣事，而且還不免有些煩亂與惴然，因爲丈夫到此刻還沒回來。是所裡突然有事要他趕辦，唔，這就完啦。她認爲丈夫的許多事情，都是最不可靠，而且叫她無法揣測的。

她站起來，走到隔壁的客廳裡去。

有脚步聲從天井走近來。是丈夫，還是友群？她很焦灼，就走到門邊，問了一聲：

「友群，洗好臉了？」

沒有回答，而且步聲很重，想是丈夫岳青回來了。那人急促地穿過一段暗暗的甬道走來，衝着文太太，響亮地喚了一聲：

「大姊！」

「呀，範强，怎麼你今天回來啦？我們今晚要上大安寨的許家去，你剛巧趕上，倒好一起去。」

「也好。」範强無可無不可的樣子。他走前一步，站在文太太面前。二十二歲的範强是文太太的幼弟，在某些方面，他們倆非常相像：膚色白皙，不是病弱的人的那種無光澤的蒼白，而是一種悅目的白潤；眼睛機靈，但不滿足。當兩人目光相對時，彼此都能看出對方並不太快樂。範强懷着敬意，不想探索大姊的內心的奧秘，也不想去了解她。這或許祗是一種逃避。他不願爲自己加重負荷，因爲他自己已經有了他自己的一份。不過，他却不能說大姊不了解他，就說這次來川吧，就是大姊愛護他的具體表徵。她竭力說服他從之江大學轉到這兒的華西大學來，理由是，不全是爲了讀書，而是把這當作一種旅行；多跑些地方，見識一些名山大川也好。其實，暗地裡的目的却是希望他在轉換一個環境之後，能够抖落一身悒沉，忘掉那沾着霞光湖色的女孩的倩影，如忘掉一只飛遠的白鶴。

「友群也去吧？」範强說着，跟着文太太一起走到客廳裡。他的右手拎着一只柳條提箱，箱子裡是些書籍和替換衣服。學校從明天起開始放春假，他跟一個同學約定，明天就結伴去旅行。在家的時間既然不多，能有機會跟大姊一起出去，也眞是怪難得的。他打開提箱，取出一套藏青嗶嘰的學生裝，熨得好好兒的。

「友群倒是去的，祇是你姊夫還沒有來。你回來時，可有去鹽務稽核分所看過他？不知道他今天的公事是不是太忙？」

「我沒有去，大姊。」範强仍舊在換他的衣服。他想，即使姊夫不來，他也要跟着大姊前去

「你姊夫不來，那祗有我們三個人去。兩頂轎子也已經叫來了。」文太太用左手去按按髮髻。她恨不得把牠扯下來。她已經覺得不舒服起來。什麽都是累贅！不過，要去就得去，不要等天黑了再走，不要等別人全入了席才到。但友群怎麽還沒洗好臉？小梅不是也有心跟她作對？祗要她自己能打定主意不去，她這會兒定會大發一頓脾氣的。

「友群！」文太太高嚷一聲。

友群跟小梅剛好在這時走進來。友群穿着嶄新的淺灰色鐵機緞夾袍，一雙從上海惠羅公司買來的方頭黑皮鞋，西髮梳得很光、很亮。小梅已經替他全打扮好了。文太太一時忘記友群是跟小梅一起睡在下房裡的，他的衣服也全由小梅一手照料。

「媽，你看我怎麽樣？」友群跑到母親面前去。

文太太讚許地點點頭，其實，這讚許是給小梅的。她轉過臉來吩咐：

「小梅，老爺不來，你跟我一起去，叫長春仔細看守屋子。」

忽然，她想起了女兒友蘭，那個早產但後來却長得異常美麗的女孩……她趕緊揮掉這個黑影，接着，她又想起了遲歸的丈夫岳青……她趕緊去換衣服。

雖然，文太太是盛裝赴宴的，但她的兩眼却仍盛滿了渴念與不足。

三

兩頂軟槓轎在濛濛的暮色中出發，轎身越來越模糊，而掛在轎後槓上的馬燈，却越來越亮了；牠們像一對隨風飄盪的黃球，在山谷早來的夜中前進。

範强獨坐一頂轎子，文太太跟友群合坐一頂，小梅則跟在轎後。三人坐在黑黑的小天地裡，看不到什麼，祇聽到腳步聲與晚風的唿哨。友群出來時，興致最高，此刻却變得煩躁不安了。他祇想着小梅是不是跟不上了？小梅穿着布鞋的腳，是不是走痛了？他懊悔自己剛才怎麼不騎馬來，那就可以讓小梅擠在母親那兒。小梅不會太重的。他眞的煩惱透了。他可不願把她當作使喚的丫頭。

他坐在母親腳下的轎板上，反過手去，拉拉母親的袖子。母親的反應很漠然，她光是被動地移動了一下。他摸索着，捏住了母親的一根拇指，母親的手指冷冷的、硬硬的。母親今天意外地沉靜。倏然，老祖母的一則故事在黑夜中閃爍：一個孩子跟母親到外婆家去，兩人行走在無人的曠野上。夜色漸濃，寒意漸深，母親漸漸地感到沉重得無法支持，便在亂石上坐下來，久久都沒動一下。孩子變得不耐煩了，便用手去拉她，這才發覺母親已經變成了一座石像。這個故事帶着深深的恐佈攫住他，這樣奇突而殘酷，彷彿一個孩子隨時都可以失去母親似的，友群忽然坐正，忍不住大叫：「媽，媽！」音波在轎子的四周撞擊，並衝出轎外，在幽沉沉的野外像閃電那樣地劃出一道裂痕。他怨，他怕永遠得不到囘音了。

立即，友群的胳臂被擊了一下，而且把他從野外推了進來。文太太憤怒地叱斥：

「你瘋了，友群。我在這兒，你以爲我是聾了！」

友群覺得惶恐，也覺得安心。他轉過身來，抱住母親的一條腿，把臉貼着牠；溫熱的，溫熱的——多好——不是冰冷的。她是母親。

文太太移動着腿，把友群的臉擋了囘去。

「友群，當心，不要在我的絲襪上沾了鼻涕、口水；轉過去，好好地坐着，看我下次再帶你出來不？你們爹兒兩個都存心要我在別人面前下不了台……」怒氣漸消，語音也趨低弱，彷彿還說了幾句，可是祇剩下嘴唇的翕動，任誰也沒聽見。

「媽，我剛才在想……」

「別囉嗦，否則，馬上叫轎夫囘頭走。你妹妹友蘭可眞乖，從不惹我生氣。」

轎子裝着沉重的靜默，繼續前進。文太太不想探索友群的絕望，祇望着眼前——永遠是這麼一片撥不開的厚重的朦朧，如歲月累積成的海洋。白霧在早晨，灰霧在晚上，迷霧在自己的心裡、眼前。她在迷霧中看到過稀薄的陽光，看到過一匹快馬衝出狹谷。她也看見女兒友蘭的臉從霧中探出來，如一朵花，突然間，花凋了，紛紛落在眼淚滴濕的黃土中，祇留下一個美的閃光與一份愛的哀傷。霧，更濃了。

轎子在大安寨的山脚下休歇一會。轎夫用木棍代替了他們的肩胛，抵住了轎槓。友群藉口要小便，叫小梅把他抱下轎來，然後悄悄對她說：

「梅姊，我跟你一起走上山去。」

「誰說的？太太不答應。」

「我不要跟媽在一起，我怕，她一定睡着了。」

「不會的，太太祇是不想跟你說話。」

然而，友群終于拗了媽媽，沒有再上轎去。上山的兩頂轎裡，祇坐着範强和文太太——她也不想坐，她情願走。她的改組脚像十二歲孩子的脚，或許也能應付山路；即使她不會走，摔痛了也好，摔死了也好，不要木木然地等待着自己消逝。這轎子簡直是間小小的囚房，太像了。她聽見小梅和友群在囚房外談笑。

轎子到了山頂，寨門正開着，進了門，轎子開始穿越屋巷。好些屋子的式樣都差不了多少，格子窗裡透出一小塊一小塊黃紙似的鈍光，引誘着人們去檢起牠們，納入懷裡。她費力推開包圍着她的霧，用手帕拭拭眼角。她聽見小梅在提醒友群：「少爺，走得小心啊，前面就是門階了。」她也不由得提醒自已：「就到了，小心啊，這是你第一次參加本地的宴會！」

因此，當文太太走出轎門來時，是淺笑着的。轎子停在天井的右邊，挨着別些轎子。廊下一盞汽油燈的光亮，正灑落在她的左頰上，照出了她的一個淺淺的酒渦。她看來是這麼溫柔、仁慈。友群本已站在轎邊，便急忙走過去，喊了一聲「媽」，文太太彎下身，輕聲說：「沒弄髒衣服吧？」友群點點頭。她仍笑了笑，還是那麼和藹。友群望着她，幾乎出神了，彷彿剛才在轎中的冷漠的母親並不是她。文太太說：「做客人可不能吵鬧呀，尤其是——」沒有說完，就轉過臉去。她看見在天井的中央，有人正在臨時搭成的矮灶上炙烤小猪，被鐵叉子轉動着的猪身，熬出點點油滴，落在火上，濺起朵朵焰花。這，預示着這頓筵席的豐盛。

四

許家的大廳裡懸着兩盞汽油燈，雪亮的光沫快樂地嗞嗞作響，笑語聲隨着光沫往外流。文太太一家四個人，被佣人帶領着穿過一條甬道，進入大廳。男女主人許秉實夫婦馬上過來迎接她。雖然他們對于文先生的缺席感到遺憾，但文太太的溫麗大方，無形中也就補償了些什麽。他們爲她介紹那些早來的客人，都是擁有鹽井的。看來，今晚的主客就是她。文太太心裡有點緊張，面上的笑容却更其自然了，連她的細柔音波裡也盪漾着一些笑影。她的巧俏的橫S頭，她那上海款式的襖、裙，她那清雅的儀態，在汽油燈的照耀下，閃亮在每個人的眼裡。尤其是那些戴着笨重金飾的太太們，平日裡總以比別人華麗一等引爲自豪，此刻，却突然感到是太庸俗了。但文太太是親切的，她不等她們產生不安的情緒，就跟她們寒暄起來。她把跟先生們應酬的責任推給弟弟範强，這樣，她倒也對付得面面俱到。她知道，在這些客人中，無疑的，許秉實是位領袖人物，因爲她早就聽說，在這鎮上，許秉實是數一數二的富戶，他擁有十幾口鹽井。且看他的住宅與擺設，也就可以約略知道一二。他家的富裕不是空口說說的。從大門口的石階、直到大天井的石板、奠屋的屋基，塊塊都是水磨過的青石。這兒不是平地，而是在山頂上啊。一尺見方的楠木柱子，漆成金紅色。窗子都是雙重的，白天讓透亮的玻窗引來光線，晚上則又關上外層鏤空的油髹的格子窗。大廳裡，是整套的紅木傢具——這天因爲客人多，又加上一批花梨木椅子。紫紅的座墊上繡着大朶大朶的金牡丹。小几前是兩只凸肚的景泰藍痰盂。壁上掛着的中堂是張若靄的松林鳴禽，兩旁則是何紹基所寫的對聯。這樣耀目的金碧與輝煌！文太太想不到在山谷小鎮的一座小山頂上，竟還隱藏着如許的豪華！同時，更想不到那豪華中還有一點新式的味兒——一點上海味兒。這表示這主人在保守中還有點兒開明。文太太感到安慰。無論如何，她是異鄉人。她不願意他們過于保守。

文太太笑着對女主人許太太說：「許太太，你們家的屋子眞好，大廳也眞漂亮，而且不怕你見笑，我最喜歡那對痰盂，非常可愛。在上海時，我也想買一對來，就是帶着不方便。」

許太太是個五十來歲的胖婦人，看來脾氣頂好的。金鐲子，珠鐲子，箍得兩只手腕的肉像被刀子砍了幾刀似的，這兒鼓起，那兒陷落。手指頭上的指環也是兩三成排的。緞襖上的金鈕子擦得賊亮，耳環是黃豆大的珠子鑲成的，繞髻上還插着珠花。但許太太在這些首飾之外，難得的還有一份小鎭婦女的淳樸之情。她一聽這話，拉着文太太的手，說：

「哎啊，文太太，我跟你一樣，最喜歡這對痰盂，這還是我弟弟送的，倒的確是從上海帶來的。」她說着，用眼睛到人群中找她的弟弟，但在高聲談笑的男士們中間，却沒有他。許太太有點納罕。他果眞是心情不好，也不該在這時一聲不響地退出去呀。頭一轉，向較爲冷僻的大廳深處看去。嘿，他原來正坐在那兒跟文太太的小兒子搭訕呢！許太太又笑了：「文太太，你瞧，就是跟你少爺在說話的那個。他最喜歡小孩子。月前，他剛從上海來。從上海來這裡，路上整整要躭擱二十幾天。」

文太太粗略地向那邊一瞥。她祇關心兒子友群，他能乖乖地跟小梅坐在那邊，倒是好事。至於許太太的那位弟弟，在她進來時當然是經過主人介紹的，但那時，一下子出現那麼多的陌生人，她應接不暇，也就把他跟他們一視同仁了。現在，她也祇能看到他的一個側臉，祇覺得他是一個很强壯的中年人，穿着得比別人瀟洒，如此而已。

「噢，難得，原來他以前住在上海。他在哪兒公幹？」文太太說，心裡却想，友群可不要說那些不該說的話啊，譬如說：媽媽在家，有時候可兇哪；媽媽有時候不說話哪。眞是的，帶孩子出來眞沒意思。

許太太說：「我弟弟不在機關裡做事，他自己做生意。本來，他家有鹽井，不愁吃用，何必跑得這麼遠；祇是他年輕心活，要闖天下。他把四川出產的藥材帶到上海去賣。」

「唷，好生意！」文太太說。「一點不假，買賣整批藥材的，賺的可是大錢。」

許太太笑笑，但却不由得嘆了一口氣。「錢倒賺了不少，祇是——也是我弟婦自己不好。大家都說上海是花花世界，她勸不住他，就在心裡納悶，當然，身體也就越來越差，兩年前，她就過世了，也沒留下一男半女。」

文太太感到難過，想不到無端引起對方的傷感。她拍着許太太的手。「都是命，都是命，許太太。」一是安慰，也是感慨，倒讓許太太反而感到有虧主人的職責了。她惶惶然地站起來，端來一碟瓜子，週到地向每個太太手裡塞一點，然後她說，她要去看看酒菜備齊了沒有。

許太太一走，文太太又轉臉去看友群那邊。友群跟他正有說有笑呢。可能因爲發覺她在看他們，兩個人忽然向這兒走來。文太太想掉過臉去，却已來不及了。

「文太太，你的少爺眞聰明，說起話來，有條有理，像個大孩子似的。」他站在她面前，略帶笑意。厚實的方臉上却沒有一點市儈氣，薄薄的嘴唇顯露出他的機敏和一絲冷傲。他穿的是一襲華絲葛夾袍。一種紳士型的商人。不，或者說，商人身份乃是他高興時玩玩票的，紳士身份才是他的本色。他不待人請，就在空椅上坐下來，還大方地爲自己掩護：「大姊有事去了，我代她陪陪客人。彷彿是，大姊剛才說到我？」

「是的，我說這對痰盂很討人喜歡，許太太就說這是你從上海帶來送她的。你眞是有心人，千里迢迢地帶這對東西。」

「千里迢迢有什麼關係。我是生意人，整袋整袋的川貝、川朴、川蓮、川芎、銀耳，都要運到千里之外去。事實上，這大廳裡的那套紅木傢具也是我從上海運來的。」

「噢，」文太太驚訝不已。「你是個多麽能幹的人！我猜想府上一定裝飾得更其堂皇了。」他亮了一下眼睛，繼而又搖搖頭。「那也未必，堂皇的東西本該是用來送人的，舍間哪比得上這兒？哪一天，我也能讓賢伉儷光臨舍下？」

文太太沒有作答。這樣的邀請太突然，她不能貿然答應一個素昧生平的人的邀請，而他自知失言，就轉臉跟另一邊的女客閒聊了。祇一會，一陣哄笑從太太們的口中爆發出來，原來她們又在向他提媒了。笑過之後，口吻忽然變得十分端肅，彷彿他的婚姻的責任就挑在她們的肩上。文太太聽見一個瘦高瘦高的太太在極其鄭重地說：

「江先生，你喜歡哪一家的黃花閨女？祇要你能透出一點口風，我定會替你去說媒。兩年了，你也得打個主意，重新成家呀。你老實說吧，你心目中總有一個心上人的，否則，男人家怎會這麽久還不想成家呢？」

「沒有，沒有。我跑慣了碼頭，到處爲家，其實，還是不結婚方便些；這樣，我一年半載不回家，也沒有人說我不應該。」

那個瘦太太霎霎眼睛：「我才不相信你這些話。聽說，這次你從上海的銀樓裡買來了好些首飾，全是新式樣，還不是想作聘禮？」

江易治立時反駁：

「那可不然，我賣了藥材，帶錢回來不方便，就買了這些。說一句你們不高興聽的話，我如果要結婚，對象也不會是本地的姑娘。這樣，事情該完結了吧。」

幾位太太愕然相望，心想這個人眞是太沒有人情味，人家一片好意，他却是狗咬呂洞賓。不管就不管。等着吧，有一天，他如來求我們，哼，那時候，不叫他爬下來叩頭，才不出這口氣！

江易治就在這種不和睦的氣氛下，又拉着友群走了，就連跟文太太也沒點一下頭，宛如文太太也是站在那一邊的。文太太不由得掉過頭去看他。他讓友群回到小梅的身邊，而自己，這一次倒是走到男士們的集團那邊去，但僅僅止于旁邊。

他有點寂寞，文太太想，或許正因爲有點驕傲。

這時，瘦太太過來向她低語：

「你看，他不是驕傲自大嗎？他自以爲跑過的地方多，就瞧不起人！不論怎麼說，你文科長總比他見多識廣，誰不說你文科長和藹可親呀！」

文太太不知如何回答。這是怎麼一回子事。她竟把那位江先生跟她丈夫拉在一起了。

「其實，哪家的姑娘願意嫁給他？如果他的脾氣能够改一點，我倒可以把小女兒許給他，即使他的年紀大了一點，也無所謂。」

文太太細看那個瘦太太：一臉脈絡分明的皺紋，像網似地罩着她；有皺紋的嘴角緊緊收縮，成了隻被緊緊地收着的錢袋的口子。她是個貪婪自私的人吧！一切全是爲了想把自己的女兒嫁給他！

「或許，江先生近來心情不大好，以後，他總會慢慢改掉的。」她驚奇于自己無意中竟在爲他辯護；這不僅使她自己驚奇，而且還怕對方發覺。她掩飾地笑了笑，幾句圓滑的話衝到口邊。「你小姐一定長得很標致，對于一個美人兒，暴君也會變得心平氣和的。爲什麽今晚不叫她一起來？大家見見面，談談說說，有時要比什麽都强。」

「我也是這麽說，她老子不肯。」

「現在時代不同，連男女都同校了。你小姐可曾上過新式的學校？」

「讀過的，中學祇讀過兩年，她老子不肯再讓她唸下去。她老子只怕她瞞着我們兩老去自由戀愛。他也不想想我家的舒英是個什麽樣的姑娘。她老子還以爲……」

什麽都是「她老子」不對，文太太委實聽不下去了。這個瘦太太可知道自己的缺點沒有？或許所有「她老子」的意見，以前也正是她的意見。文太太希望筵席快點開始，除了這，她想不出還有什麽辦法可以擺脫她。

「她老子說，姑娘家呀，針線活兒最要緊。可是，現在一些新派的人，也要一張挺挺括括、什麼學校的畢業文憑。我女人家，有什麼話可說？文太太，再說別的，你文科長是鎮上聞人，我早就打算帶女兒去拜訪你。她老子又說，文太太也不認得你是個什麼人，你怎麼能這樣做？害得我這幾個月來，心上老放着一件大事。」

「不敢當，不敢當。現在，我們已經見過，以後請過去玩。」這句話一出口，文太太懊悔不已。今天瘦太太的一席話已是如此嘮叨，以後她如經常上門，哪還受得了？他倒羨慕起剛才江易治敢說敢拒的勇氣來。可是，自己到底跟他不同。她是來跟人們連絡感情的，可不能得罪人。最要緊的，她願意自己有個好聲譽，一如這條貫穿山谷的溪流，清亮動人，個個讚賞。

瘦太太非常滿意，用瘦骨嶙峋的手，安心地端起有托茶碗，左手微掀起碗蓋；喝茶時，眼睛還望着文太太。蓋上和茶碗四周繪着朵朵小巧的桃花，她的臉從成簇的桃花那兒露出來，蒼老得更其可怕。

文太太不得不趁她還未喝完茶時，就急忙逃避。她起身走向友群那邊去。

「友群，怎麼你坐到冷角落裡來了？」

「梅姊說，這樣好，這樣不會被人看到。」

文太太看看小梅。十七歲的女孩子，即使沒穿什麼好衣服，臉兒也總像桃花似的；叫這張臉孔襯着茶碗上的桃花，這才合適。青春是多麼可愛，但也多麼易逝。牠可不像茶碗上的桃花，能够歷久不變。今天，難道是看了瘦太太臉上的皺紋，才對自己剩留下來的一些青春，突然珍惜起來？十幾年前，自己是個依稀小梅模樣的姑娘，十幾年後，又將變成瘦太太那樣的老婦！而婚後這些年中，她眞正得到一些什麽？

「小梅，大概馬上就要入席了，你要好好照顧友群。他今天倒是乖得很。」

「剛才江老爺來這兒坐了一會，他看來眞和氣。」

「他的確挺和氣。」文太太不自覺地附和，回頭向男人群中搜索時，發現江易治正跟範强在閒聊。她有一陣莫可名狀的顫慄。他怎麽老是找上她這一家人？他也想拉關係，想以後以朋友的身份跨入她家的客廳？

許太太出來了，請大家到花廳裡入席。文太太倒是希望快點去吃這頓飯；這倒不是因爲她餓了，而是盼望能够早些回家。但但許太太走到她身邊，特地親熱地告訴她：

「飯後，我們湊着來玩一會牌。」

「怕太晚了。我還帶着孩子呢！」

「沒關係，讓他們先坐轎回去。明天，送你下山。」

「這，怕不大好吧。」

「祗一晚，文科長不會說什麽的。讓他冷清一晚，誰叫他今晚不來？」

文太太祗好笑笑。當然，丈夫是不會感到冷清的。他會看書，甚至，他會檢討公事，更甚至，他會呼呼大睡。他不會缺少什麽的。如果他眞的感到缺少什麽，那也決不會是她。不去就不去。她不能在家裡埋上一輩子——埋上一輩子也得有代價。她是讀過書的——讀過新式女校的，比瘦太太那個年輕的女兒還强得多。當年，就是因爲自己好强，才進女校的。

她說：「許太太，我的牌術可不高明，而且，我得先聲明，我的錢也帶得不多。」

「哎，誰不相信你，文太太。」

「如果輸光了錢，我只好把頭上的那根翡翠簪押給你。」她說笑話。

「我倒不要簪，寧可要你那個新式的髮髻。」

文太太是個敏感的人，馬上接下去：

「你說我這橫S頭好看？」

「呃，我眞喜歡。誰梳的？」

「我家小梅。」

「這丫頭可眞伶俐，以後，我也要叫我家的春花向她學學。」

「這很方便，以後，我包一頂轎子，每天叫小梅上山替你梳好了。」

「啊，你眞好。」許太太說。她握住文太太的手臂，剎那間把她引爲知已。

有時，太太們之間建立情誼，就有這樣簡單而快速。文太太那晚打了牌，而且成了大贏家，但是，另一桌——男士們的一桌，江易治却輸慘了。

五

誠然，文太太這一次的赴宴，從哪一方面說來，都很成功。她那淡淡的微笑幾乎成了她的一個顯著的標記；在別人看來，似是一朶永不褪色的花朶。然而，一回到家裡，她的笑容就迅速隱去，正如潮水冲過的沙灘，找不出一絲足跡。小梅送上來一碗牛肉湯，輕輕說：「太太，你累了，喝一碗。」文太太祗喝了幾口，就推到一邊，疲倦地搭下眼皮。小梅送來熱的手巾把：「太太，你擦。」文太太祗擦了擦嘴，眼皮還是半閉的。小梅又過來了：「太太，我已經舖好了被！」但文太太雖然疲倦，却不願睡。

「老爺呢？」

「辦公去了。」

「他問起我沒有？」

「他說，他知道他們會要你打牌的。」

「他總說什麼都知道，但他爲什麼不早知道昨晚竟不能去大安寨？」她睜開眼來。眼睛又是幽沉沉的。昨晚上的亮光祗是一抹燭光，光滅了，剩下了那充滿着空虛的燈罩子。

小梅茫然地望着她的女主人。她不懂，爲什麼太太還會時常不快樂。

「舅爺呢？」

「舅爺帶着少爺去同學家了。他說要到明天才回來。」

文太太動了一下嘴唇，沒有說話。家裡好靜——屋外的銀杏樹上，小鳥正在啁啾，好清脆悅耳；細細碎碎的音符，把靜襯得如一池止水。恍惚間，自已正置身在荒山上、森林裡，找不到一個親人——這樣的恆久的寂寞。

「小梅！」她突然嚷。

「太太。」

文太太看小梅站得很近。這座偌大的屋子裡，祗有她跟她在一起。此刻，她自已多麼希望有個人跟她親熱；如果小梅是自已的女兒友蘭，那該多好。她會把她拉到身邊來，摸摸她的頭髮，看看她的雙手。兩個兒女中，友蘭比友群乖巧、好看。她給友蘭的愛也最多，不料，一場傷寒却奪走了已經七歲的她。小梅的確有點像友蘭，她從小梅寡母那兒買下她時，委實就是喜歡她這一點。但她却不能像愛女兒那樣地愛她。她是太愛自已的女兒了，以致再也勻不出一份同樣的愛心去愛別人的女兒。她的內心常複雜異常。爲什麼別的女孩能活下去，而友蘭却不能。友蘭，她做錯了什麼？

她看着小梅，小梅也望着她。兩人如此對望，却沒有感情的激動，祇覺得兩人之間擋着一列透明屛風。文太太好久才說：

「小梅，明天起，你每天坐轎去大安寨許家梳頭。」

「是，太太。」

「昨晚，你和長春都辛苦了。我也贏了一些錢，這兩塊錢是賞給你們的。」她從皮夾裡取出兩塊銀元，噹啷一聲放在桌上。昨晚上，她贏了百把塊，在自流井，這筆數目不知可以買上多少斤上好的黃牛肉。

「謝謝，太太；昨夜，老爺也賞了我和長春每人一塊錢。」

他？他爲什麼要這樣？岳青待下人總是這麼寬大。暗弄堂，塞狗腿，偷偷給他們一點好處，難道怕她阻止他？否則，他就是故意以自已的慷慨來烘托她的吝嗇！

「我眞要去睡一會了。老爺中午囘家時，如果我沒醒，記着別叫醒我。」

文太太果眞去睡了。疲憊和鬱悶侵襲着她。紅緞白裡的被窩是溫軟的，她可以逃避一下，但躲在方方正正的倚欄大床上，她又覺得渺小與瘦弱。這張床，就似間小屋子，附帶着踏脚板、小櫃子，並且還有馬桶箱；人簡直可以一輩子生活在那裡面。然而，太大了，兩個人睡在床上，也祇佔了一部份，有時候，一賭氣，兩人就分睡在床的兩側，一如睡在地球的兩極，永遠也合不起來。她對這種床可沒有太多溫柔的感覺。她以前在家鄉時，睡的也是這種大床。新婚之夜，錫臘檯上的龍鳳燭的竄躍的光芒會照亮了整個的床，炫耀地預示着她的錦繡前程。但她却低着頭，坐在床沿上，一遍又一遍地咀嚼着過去。父母力排衆議，答應她去進女校，讓那幾年的她的生活裡充滿了嘻笑與蹦跳。自已本就好强，把理想懸得很高，以爲父母永遠會托着她、支着她，向高處爬去。不料，兩老人家却忽然放了手，哄着她囘家，並在短期內把她嫁了人，把她的理想一下了摘了下來。十八歲的她，別的或許並不太懂，却把才搞清楚的愛情看得特別重要，也把學校裡所灌輸的女性的尊嚴視爲第二生命。文岳青是個大學生，父母說他年輕有爲，這確是不錯，但她可不能一無保留地讓自已馬上愛他！——難道自已就有這麽低賤？難道女人從新婚之夜開始就能這樣隨人擺佈？以後更强顏歡笑地去奉承丈夫？她林範秀可不來。做新娘這一天，對她來說，是無限長的一天；坐在床沿上，夜，漸漸深了，鬧房的客人走了，隨嫁來的伴娘也退去了，紅燭越來越短，她疲乏透了，眞想上床去睡。她看見文岳青熄了香煙，滿望他會走過來說：「你累了，我們休息吧。」或者，拉着她的手，告訴她：「我知道，你叫範秀，我們以前沒碰過面，但我相信，從此刻起，我已經在開始愛你了。」那末，她對他的愛情，也就會油然而生。他受過新式的教育，他會說這種話的；如果他不說，那就表示他不願意說。他走過來了。但他却祇脫下馬褂、長袍，看也不看她一眼，逕自鑽到床上。一下鞭打，落在她赤裸的心上，她感到被冷落與被輕蔑的悲哀，又一上鞭子揮來，依稀憶起不知從誰的口中聽來的，岳青在大學裡唸書時，就喜歡上一個姑娘，這次結婚，也是被父母所逼的。無辜的她，忽然成了他的累贅。她的眼皮沉沉下垂。床楣上雖貼着八仙過海一類的吉利圖畫，看來却不像是個幸福快樂的發源地。她想，你驕傲吧，冷淡吧，可別巴望我會向你求饒、屈服。我不是那種女人，你不關心我、愛護我，你也同樣得不到我的愛。這床很遼闊，天南地北地，各睡各的吧。那晚，她和衣倒在床邊睡去。龍鳳燭的淚洒了一堆，她却沒流下一滴。

現在，她也昏昏欲睡，帶着舊時的倔强與悲哀，迷迷糊糊地睡去了一會，又看到了燃燒的紅燭與年輕的岳青。岳青走過來，握住她的手，突然，她發覺他不是岳青，而是江易治……她醒來了，帶着一種殘餘的驚喜，過後又帶着一股莫名的惆悵。聽到房外傳來一陣沉着的脚步聲，是岳青下班來吃中飯了。文太太非但不起身，反而又閉上了眼睛。文岳青抽了一支煙，走上踏脚板去看她，而且假咳了兩聲，她也只得假裝着還祗醒來，含糊地問了一聲：

「已到中午了？」

「我剛回來。」文岳青說。

文太太看他坐在床邊，背朝着她，答她的話時，也祗微側過臉。她祗看到他的側臉。常常，晚上，她先睡下來，躺在床的裡側，而他看好書後，則是坐在床邊，默然抽煙。兩個人什麼話也不說。她總閉着眼睛幻想：如東是個深愛她的丈夫，他該會怎樣。至少，他會在睡前跟她說幾句甜蜜的話，摸摸她的手臂，撫撫她的臉頰，給她一個熱吻，把大床的幽冷撇在一邊。但，岳青從來不是這樣。要說他是一個口拙的人，但他在大場面中，却能談笑風生。他就是跟她談不起來。他們有兩顆不願接近的心。有時候，她想像他默然而坐時，或許正在懷念他的初戀。她眞願自己也有一個愛人，讓她懷念，讓她跟他分庭抗禮。有時候，她希望他能暴怒一次，跟她好好地吵一場，把什麽都說開了，即使分手也好。但他並不。他總是那樣不冷不熱的，在別人看來，他是一個挺好挺好的丈夫，但在她的眼中，却是一個挺冷挺冷的丈夫。

「昨天，許家邀了好些客人，都是擁有鹽井的。大家對你不能去，都非常遺憾。」

「我也這麽想，但公文傍晚才到，所以也來不及差人告訴你；幸而範强來了，陪你去。那些人，我倒也想應酬應酬的；入山問俗，既然在這兒做事，吃這行飯，人頭熟悉一點，總不會錯。」他捏熄了香煙，這才轉過臉來。他的臉，她太熟悉了，熟悉得不願再去看牠。

文太太的兩條手臂擱在被上，半露出胸脯。不管岳青有意或無意，她總無法原諒他讓她單獨赴宴的難堪。如果她是一個不善應酬的人，那末，昨晚，在許家的大廳裡，她豈不成了一條僵硬的魚？可是，今天，他既不對這一點表示歉意，也不對她如何應付別人這一點表示關懷，可見他對她的漠不關心。眞正愛他妻子的人，會是這樣的嗎？她把手臂溜進被窩裡，身子也越縮越低，祇露出一個臉孔，慵懶的、帶着一點睡意的。半垂的眼皮，也表示她不願意多談這些。

「你還想睡一會？」

「是的。」

「也好，熬夜打牌，總是够累的。」

但却不是爲了打牌，他知道嗎？失望，失望比什麽都容易使人感到累乏。

她沒有對他說這些，這是多餘的。

他用脚踢踢床頭櫃，顯得百無聊賴：「這兒沒有地方可走，你以後如果喜歡打牌……」

「並不是我要打牌，我一直不喜歡……」

「我是說，如果你喜歡……玩玩小牌；反正是隨你的便。我現在去吃中飯。你也要睡了。」

文岳青走後，文太太讓棉被蒙住自已的頭。眼前是無數橘紅與黛綠的光球，浮動在椹紫的背景前，大小如乒乓球。牠們旋轉、破裂，旋轉、破裂，碎成五色的小珠子，跌落在冷沉沉的黑霧裡……

文太太一直睡到第二天的早上才起身，小梅替她梳頭，梳了兩次，還是不稱她的心。小梅看看梳得跟赴宴那天的一模一樣，爲什麽女主人總說不好；正在焦急誰會來解圍的時候，長春走來說是轎子已經到了。文太太這才記起小梅還得去大安寨許家梳頭，便揮揮手說算了。

小梅剛走不久，又一頂轎子來了，但却不是一頂空轎子，而是坐着一位客人。她慌忙站起，已來不及換衣服，祇用手拉平了桃灰緞襖的下襬，檢查一下盤花黑緞鈕扣是不是只只都扣好了。慶幸這件衣服雖然有點舊了，但仍很大方。走到客廳門口，看到那位來客，她倒暗暗一怔。客人是男性，穿着一套嶄新的西裝，魁魁梧梧的，顯得派頭十足；一笑起來，她才記起他原來是江易治。他的笑跟他的身材不同，機靈得很。

「文太太，想不到是我吧。」

文太太點點頭。「你換了西裝，幾乎認不出來了。說實話，我也眞想不到你會來。」

「我想，賢伉儷太忙，太難請到，所以還是我來拜訪吧。我順便帶來一點禮物。」

文太太倒茶時，江易治解下了那包東西上的繩子，剝去層層的包紙和最裡面的一層棉絮，出現的竟赫然是對景泰藍痰盂。嵌在蔚藍法瑯質中的是許多只小巧玲瓏的銀質百靈鳥，比許太太客廳裡的那對有着梅花圖案的更爲雅致。

「你這是做什麽？」

「我這次買來了兩對，一對送給了大姊，還有一對放在家裡也沒用。你那天不是說很喜歡這種痰盂嗎？」

「那末，我向你買。」

江易治把痰盂抱在胸前。「你眞把我當作賺小錢的生意人了，文太太。」

「不是這麼說，景泰藍痰盂可不是什麼塊把錢一只的粗東西，我怎麼能够……」

「說來說去，還是『不够交情』這句話。」江易治把痰盂放下，大不以爲然。「你跟大姊交情好，我跟她本是同胞，一家人，所以也沒分得這麼清。再說，你文科長是在鹽務稽核分所裡，我們這些有鹽井的人，跟他多多少少總有一點關係。」

「噯，你們男人家會說話，等他來了，你再送他，看他怎麼說好了。」

「你們兩人分得這麼清？送你送他都一樣，反正我第一次送的禮物，你非收下不可。」

文太太不知怎麼說才好，打那晚他牽着友群的手走到她旁邊時起，她就意識到他總有一天要走進這客廳裡來的。這是一種預感，無理可喩。憑良心說，她可沒有憑眼色去拉他。她如果會去拉別人，她早已去拉岳青的心了。但，一個太機警的人，對于她用歡愉掩飾起的落寞，怕也能够窺察出來的。假若他眞是這樣，那他倒比岳青更了解她。

她一手摩挲着景泰藍痰盂，一邊大方地說：

「江先生，我的意思是，配這種痰盂，也要有一套好傢俱，你瞧，我家的傢俱，雜七雜八的。這房子是前任科長轉移給我們的，傢俱也是，烏木的、柚木的、杉木的。椅子各式各樣。我是貪方便，沒有買一套新的。如果把你送的那一對放在牠們中間，可不是委屈了牠們了？」

「快不要說委屈了，祇要你有點兒喜歡，就算是看得起我。」

江易治此刻捧的，不是痰盂，而是一杯茶。白色刻花的長玻璃杯裡的一杯綠茶，映着臉，覆一層春三月的淡淡的柳蔭。眼神是期待而含蓄的。文太太禁不住看他一眼；完全是個洒脫的紳士。自己如果是二十歲，在新的潮流下，她準會因愛他而爲婚姻自由作一次冒險，但現在，自己是三十歲，倒不是因爲這個年齡不需要愛情，而是這個年齡使她的思想成熟，會去考慮一切後果。她怕沒有太多的勇氣。

「改天我叫外子親到府上謝你。」文太太把丈夫提出來，叫江易治不要忘記他的存在。

「小事情，何必這樣。文科長很忙？」

「可以說很忙，他辦事很負責。」辦事很負責，確是岳青的長處。從他離開大學起，他就是這樣，但不知道爲什麼，有時候，她總認爲他是爲了要躲開她。聽別人說過，他在上海時去過長三堂子，後來，他自己的話證實了這一點，祇說他是跟朋友們應酬；應酬跟女人結了不解之緣。對這，她什麼也不說，祇是記在心裡。她知道自己的缺點：老把不愉快的記在心裡，忘也忘不了。

「聽說你那晚輸得不少！」文太太說。

「還好，輸了兩百多，心不在焉嘛。」

文太太也啜了一口茶，並把剛才忘記遞上的煙支遞給他。呃，他又說這種話了。他以爲他的暗示她會不明白，其實，她全然清楚。但她可不是一個隨便的女人——不是佣人，不是丫頭。她是有身份的。如果他看上的是小梅，在這個山上的大屋子裡，他準會毛手毛脚了。他雖穿得斯斯文文，但從他的體型看來，他的兩臂是頗有一點膂力的。他比岳青要結實得多，也要熱情得多。這樣的一個既紳又商的男人，到繁華的上海去，怕不也逛過長三堂子？聽說，長三堂子裡的傢俱都是紅木的；那些姑娘，儀態也大大方方，像有錢人家的小姐，但到底不是有錢人家的小姐，因爲任何有錢的男人都可以跟她們親近。而她以前可眞是千金小姐呢，祇這一點，她就不能隨便被人親近。他江易治可找錯了人。

文太太望着他手中點燃的香煙——他並沒有抽，祇看着牠；看着牠變成逝去的煙與蒼白的灰。

「你幾時又要去上海了，江先生？」本是沒話找話，說出後，倒像是過份關切他的行踪了。

「還沒一定，或許還要住上一陣；不過，如果你要我帶東西的話，我早點動身也可以。」

「不，不，我祇是隨便問問；這麼遠的路，怎好麻煩你？說個笑話給你聽聽：帶玻璃、瓷器，我吃過苦頭。且看這兩只不値錢的玻璃杯，我來時放在箱子裡，可眞化了不少手脚，在路上，自己想想，眞是够笨的，不會到這兒來買？後來，船到九江，賣瓷器的小船划近來，一看，那些瓷器全是這麼精緻可愛，又細又白，我愛不釋手，便買下一大批，裝在一個網籃裡，沒襯得好，到這兒，打開來一看，完整的祗剩了幾只。」

「啊，太可惜了，要不要以後我再替你買一批。我保證不會有損失。」

「不，不，江先生，你待人太好了，叫人無法報答。我倒是勸你，你自己可以買一批新的。你大姊，還有那些位太太，大家都很關心你的續絃問題，你老是拒人于千里之外，讓別人焦灼、難過，總也不是辦法。」

江易治悒悒地笑着，突然捏熄煙支，抬頭凝望她：

「文太太，你也跟她們一般見識？」

「你這是指什麼？」

「不管我喜歡不喜歡，是個女人就算？」

文太太淡笑了一下。「有什麼辦法！大家都是這樣；能够碰到一個稱心稱意的人，也眞不容易。」

「我倒不着急，慢慢地找，慢慢地等。」江易治又喝着茶。難道他的心境眞是這麼平靜！文太太倒替他難過起來了。如果自己有個未出嫁的妹妹就好，那她一定會介紹給他的。

「自流井是個富庶的地方，多的是大戶人家，不該沒有好的姑娘。那位瘦太太姓什麼？」

「也姓許，是大姊夫這一族的。」

「她有一個雙十年華的女兒？」

「她那晚托你了？」

「沒這回事，我是想問你，你看到過她沒有？」

「當然看到過，長得並不難看，祇是我對她沒有興趣。我是三十二歲的人了，對自己的感情，是很清楚的。」

文太太仍露着那抹微笑。然而，她自己又有什麼能够引起他的興趣的？殘餘的青春？社交場合上的一些得體的禮貌、應對？太虛僞了，那不是她的實質。但她的實質又是什麼呢？這些年來，她已經失落了自己——不知道自己的價值在哪兒？或許，他感到興趣的，正是她所失落了的——他要替她找回來！在某方面，他確是一個豪爽的人，喜歡送別人所缺少的東西，紅木傢俱，景泰藍痰盂，甚至九江瓷器……別昧着良心說話，她是很喜歡他的。她還從不會這麼喜歡過一個男人。她不知該高興還是悲哀？

「在上海，你有女友吧。你是場面上的人，有實力，誰還不巴結你？」

「沒有，沒有，如果有，早在那邊落戶了，還會在這裡住上幾月不去？你不用疑心！」

江易治特別强調疑心兩個字，她馬上領會到他的暗示，意思是，你不必懷疑，我，什麼人都不愛，祇愛定你一個人。這兩個平凡的字眼裡包涵着他全部的熱情。文太太不禁感到驚駭。她不願他對她如此深情。她是個已婚的女人，她會毀了他。

「我不再向你談論這些了，否則，我會像那個瘦瘦的許太太那樣，惹你生氣！」文太太結束了這一話題，並爲他加滿了茶。看他黯鬱鬱地捧起茶杯，她又有點不忍。「你可以跟我外子做朋友。他爲人倒挺不壞，明後天，我一定要叫他去看你。」她又提到了岳青。沒有辦法。他是她的丈夫，她得記住這一點。

江易治祇是喝茶，半晌，才冒出一句話：「當然，他人很好。」于是，閉着嘴，什麽都不再說，使這句話簡直不像是正面的肯定，而是反面的否定了，表示出他對文岳青的似有若無的敵意。

兩人都被膠住了。要說就這樣地告辭吧，江易治倒不甘心，而文太太也實在不想使他難堪。她倒願意兩人間維持着一種諒解的情誼。她很矛盾。十幾年來，心靈枯寂的她，第一次發現有人眞正愛她，把她從荒山裡拉下來，遨遊在軟濕溫香的綠野上。她不願去摧殘她的享受。

客廳裡正這麽寂寞無聲時，幸而昨天去同學家玩的範强帶着友群回來了。友群馬上活潑地奔向江易治，喚他江叔叔，怪親熱的。範强也很自然地跟江易治談起話來。文太太正想趁機退出、去厨房裡做些點心時，小梅的轎子也回來了。跟小梅的轎子同來的，還有另外兩頂轎子，小梅是先奔進來告訴的。「太太，許太太跟許小姐來了。」

「是我的大姊？」江易治站起來。

「不是，那位瘦瘦的許太太，還有她的小姐。」

「是她們？」文太太忙站起來，迅速地看了江易治一眼。讓他們三人在這兒相見，後果是好、是壞？最怕江易治出言不遜，年輕的小姐是受不了難堪的啊。她又看了一眼江易治。他已經懶懶地坐下去了。她走過他的面前時，巧妙地關照他：

「江先生，今天太難得了，都是貴賓，大家一定會談得特別高興的。」

文太太走到客廳外甬道口去迎接她們。許百堅太太和她的女兒並肩走來。被女兒攙着的瘦而高的母親像一截細樹幹，但，她的聲音却是活力充沛的：

「呀，文太太，你好啊，我帶着小女來看你了，她叫舒英，請你多多指教。」

二十歲的舒英卻是個怕羞的女孩，母親一提到她，她就紅起了臉，輕輕地喚了聲「文伯母」後，竟說不出一句話來。文太太對于這個曾被兩度提到的女孩，不消說是特別注意的。許舒英如同一本低年級的課本，看起來一目了然。你不必化腦筋去探索。她的可愛在這兒，她之不能耐人尋味也在這兒。她稚嫩的臉蛋經常是羞澀的，靦覥而笑時，露出兩顆潤潤的門牙，但整口牙齒卻潔白得使她的雙唇顯得特別紅艷。她該是個溫柔的好姑娘，雖不是個善于治家的姑娘。

文太太拉着舒英的手。「能看到你，眞高興。我羨慕你母親有你這麼個好女兒！快進去坐，今天我家還有位稀客，你們都熟悉的，是江易治先生。」

瘦太太削骨臉上的兩眼突然向外一瞪，隨後又笑成彎彎的。「很好，很好，眞是難得的機會。文太太，你說對不對？」她拍拍文太太的肩，好一副密友的模樣。走進客廳之前，她還不忘向女兒全身打量一番。女兒穿的是套新的荷花色平緞夾襖褲，前額一排短劉海，很好看。走進客廳去時，瘦太太的笑臉便朝着江易治。她親熱地打着招呼：

「江先生，你也來了，這麼巧，我們像是約好了的。」

「我有一點事要托文太太，現在說清楚了，馬上要走的。」江易治一邊逗着友群，話語淡得像一股晚風。

文太太馬上想挽回這開始就觸礁的情勢：

「何必這樣急，大家不在我這裡吃中飯，也得吃了點心才能走。」

瘦太太有點緊張地笑着：「當然要把江先生留下來。江先生是個忙人，交遊廣濶，有時，多久都碰不到他。我就跟她老子說過，到底年輕人有辦法，長江南北，來往的跑，像穿弄子，不像老一輩的人，到縣城富順去，就像上皇城一樣，這麼難動身。我們舒英還說，有一天，她看到江先生，倒想請他說說長江沿岸的風光、以及上海的五光十色。」

舒英已經坐在對面。隔着一張茶几，坐着範强。她端端正正地坐在那兒，但聽到母親說到她，她的臉又紅起來了。她慌忙分辯：

「媽，我並沒有說過。」

「呀，你不用怕難爲情，其實，江先生也是熟人，今天，你如錯過機會，他以後或許不肯說了。回家去，你又會懊悔的。」

「我是去做生意的，不是去玩的。我在船上，除了吃飯，就是睡覺，所以也沒有什麼可以奉告。」江易治又拒絕了。他把友群抱在膝上，親親他的臉頰，低低地問：「好香，偷搽了媽媽的雪花膏？」友群回答說沒有搽。

文太太生怕局面越來越僵。她是坐在瘦太太和江易治的面前，跟他們兩個形成鼎足之勢，但她的兩眼卻一直在靈活地察看各人的言談擧止。江易治的驕傲、淡漠，又浮現在他的臉上了，他的豪爽與親切祇是對她自己而發的。瘦太太如果少用點嘴，多用點腦，她該明白自己是多麼愚蠢，她企圖把女兒嫁給他的希望又是多麼地渺茫。而舒英呢，這個一無野心的女孩，竟做了母親的傀儡，這是値得同情的。

「依我看，」文太太淸脆愉快的語音顯然是想讓客廳的氣氛變得輕鬆些。「江先生也有不對的地方，家裡睡覺最舒服，在船上何必這樣懶？現在，我跟你說定，下一次你去上海時，一定得把沿路的一切，細細記在心裡，回來向太太小姐們報告，否則罰酒三大杯。你認不認？」

「好的，好的，報告得好不好，請你做裁判。」江易治也笑了，但笑得最高興的，卻是瘦太太。她以爲自已眞的勝利了。

不過，江易治依然沒吃點心就走了。文太太也沒有認認眞眞地留他——留他也沒有用。他要的祇是跟她單獨相處，雖然兩人的談話是迂迴含蓄的，但畢竟有股細細的喜悅流動在其間。

他轉身辭去的刹那，她突然爲他難過，並爲自已難過。她沒有送他到大門口——讓滿山搖擺的青草送他吧，他會從青草那兒體味出那暮春的悵鬱！

六

瘦太太自動地留下來，在文家吃了中飯。瘦太太很滿意，因爲文岳青回來吃中飯，她跟他也結識了。她在那幾個鐘頭裡，始終是說話最多的一個。文太太不由得懷疑她的瘦削是否由于所有的精神、熱量，全花在說話上了？做她的丈夫、女兒，該是聾子才好。可憐的舒英，總是想離她遠一點。她那克制不了的羞澀，或許一半也是因爲有這麽一個母親吧。

但舒英畢竟是年輕人，無法自始至終地呆坐着。她已經跟友群熟悉了，而且也跟範强談起話來。在瘦太太的聲音的壓迫下，他們三個便偷偷地溜到屋外的山上去，而文岳青和文太太却祗好陪着那痲雀似的瘦太太，聽她吱喳而已。

「文科長，你好福氣啊，人口少，進益好，鹽務是只金飯碗，她老子如年輕十歲，一定請你想辦法，在你手下當個科員做做。」

「許太太，你太客氣了。」

「她老子呀，一天到晚閒在家裡，也沒意思。跟鄰居擺擺龍門陣、摸摸牌，眼界越來越小了。」

「少爺都賺錢了，正好做老太爺的時候，享享福還不應該？」文太太接下去。「何況鹽井是銀井，取不盡，用不竭。如果我們家鄉有井鹽，而我們也有幾口鹽井的話，還會千里迢迢地來這兒？」

「可是鹽井也有好壞，我家祇這麽一兩口，出鹽也不多，哪裡有像江易治那樣的運氣，一連三口鴛鴦井，一個家不發也發了。」她挺着眉毛，皺紋裡藏着她的感慨。「說起鑿鹽井來，眞是一言難盡。有人因牠發財，也有人因牠倒楣。我在這兒幾十年，哪家怎麽富起來，哪家又怎麽窮下去，都有一本帳簿藏在心裡，淸淸楚楚。說穿了，兩個字：運氣！」

「是的，是的。」

「不說別家吧，且說你這座屋子的主人。你瞧，這屋子，有馬廐，有轎廳，有下房，有廊廡，有花廳，有倉庫，有一層高似一層的甬道，還有小花園、大天井。如此舖排，卻祇有後面一排正屋，虎頭蛇尾，算什麽？其實，開始造這屋子時，這屋主人很有一點錢，他一邊又把錢用在鑿井上，不料，一連鑿了四口乾井，十來萬的銀子，就這麽白白丟掉了，房子也祇好造到此地爲止，到後來，竟窮得又把牠租給了人。」

「可惜，可惜。」文太太說。這件事，她早已聽說過。瘦太太總以爲許多事祇有她一個人知道，而實際上，許多事，別人早已說過了。這是她的悲哀，也是聽她說話的人的悲哀。

文岳青提早去辦公，祇剩下她們兩個。瘦太太忽然改變她那響響亮亮的語音，拉着文太太，裝蚊子叫。

「文太太，讓我們兩個說幾句知己話。江易治今天來你家，是不是托你物色對象？」

「沒有這回事。」

「我心裡想，他早晚總要結婚的。不管他有沒有托你，請你在他面前代我們舒英說些好話。我看，他倒是信服你的話的。」

「我跟他也沒有交情，不過，以後要是他再來，我一定照辦。」

「我知道，他是厭我。你不妨對他說：如果他喜歡舒英，舒英嫁給他以後，我不會常常去他家的。」說着，兩眼忽然濕潤，吞了幾下口水，慢慢地把那層濕潤給按了下去，勉强笑了笑，滿臉的皺紋動也不動。「她是我的小女兒，我家的境況，一年不如一年，我不願意她吃苦。」

文太太呆了呆。瘦太太這一表情使她驚異。她用的是苦肉計，想獲得別人的同情？抑或是在貪婪、愚蠢的表面下，還有一顆母親的愛心？她祇能安慰地揑住了對方的手。在任何托她幫忙的事情中，這件事是令她最最感到棘手的，但她卻無法跟任何人說出事情的眞相：因爲江易治愛上了她！

窗外，一串笑語隨風飄進來，點綴着這寂寞的小山與大屋。兩個人都探首出去，舒英、範强、友群三個人正在屋後一株合抱的銀杏樹邊捉迷藏。範强用手帕蒙住眼睛，舒英跟友群繞樹躲避。三個人的臉都紅噴噴的，範强的悒鬱與舒英的羞澀，都在陽光下融化了。

但瘦太太忽然喊道：「舒英，我們要回家了。」聲音像一支箭，筆直地射出去，把三個愉快的孩子都射傷了。

舒英走回屋裡來時，臉色又是這麽滯呆。直到她們趁上轎子離去，她再沒說過一句話，也沒跟送她的範强和友群點一下頭，彷彿她離開這屋子，是毫無留戀的。

文太太站在石階上，一直望着轎子下了山，並走在石砌的大街上。不，她並沒有一直望着她們。她看到了很多別的：在對面街屋後一級級下降的通往溪澗的石階，聳立在溪岸上的川南鹽務稽核分所的紅磚洋房，在那兒一本正經辦公的岳青，那清清的溪流，永恆地向前流着——或許別人以爲她並不可能看到這些，但此刻她却眞的看到了，在暮春的斜陽下，在凝視的眼神中。她希望能下幾天大雨，讓溪水暴漲一下。她要看看混濁的溪水底狂暴而急湍的奔騰，熱情地撒一下野。或許這是一種可笑的思想。

「她們已經走遠了。」範强說。

文太太這才發覺範强跟友群還在她的身邊。她牽住友群的手，側臉向着範强問：

「你覺得舒英怎樣？」

「大姊，我才第一次跟她見面，怎麼能下判斷？」

「就說說你的第一次的觀感吧，你跟大姊說錯了也沒關係。」

「舒英實在不是一個太呆板的姑娘。倘使她母親不在旁邊的話，她倒也能說說的。」

「我喜歡舒英姊，也喜歡小梅姊。媽，你爲什麼不替小梅姊做幾件衣服？那晚出去，我眞替她難過。」

文太太彎下腰，認認眞眞地告訴他：「友群，她是丫頭，不是小姐，你知道了沒有？丫頭就是這麼打扮的。」

「媽，你不要把她當作丫頭，可不可以？」

「大人的事，你做小孩的最好不要多嘴！」文太太的臉一下子綳緊了。她急促地轉過身，却見馬夫長春正在馬廐門口，拭抹馬具。他穿着玄色布掛，褲管捲得高高的，好個强壯的人。

「老福好吧？」文太太知道這句話不必問。長春是把老福當作親兄弟一般服侍的。她常認爲，他這種粗人，一定最先把感情給予跟他同伴的畜牲。或許，一個人不僅要被人愛，還得把愛施給別人，才覺快樂。在她年幼的歲月裡，她全心全意地愛過祖父、祖母、父親、母親、兄弟以及家中的小猫，天井上散步的麻雀，種在花壇上的那株臘梅。太多了，她甚至還愛過一截用來在石板上寫字的短短的玉石筆；愛得如此快樂、如此滿足。然而，婚後，當她無法獲得她丈夫的愛、而又無法去愛她的丈夫時，她對其他一切，也就變得淡漠了。即使是對友群，她也實在嚴肅得不像一個慈母。

「太太，老福很好，馬料也還有。」長春走過來，咧嘴笑着，雖然在笑，態度還是異常敬畏。「祗是到藍家園子去買水的竹籤，祗剩下幾根了。」

「那末，再去買一百根，等會我給你一塊錢。」藍家園子的水是出賣的，兩根籤一擔水，一塊錢能買一百根籤。

長春點點頭，忽然又笑了兩下，笑得使人有點迷惘，然後怯怯地說：「太太，老爺最近去不去縣城，我積了一些錢，想請老爺到銀樓裡替我買只金戒指，那邊的成色好。」

「你想娶媳婦了？」

「不是，串在褲帶上方便。」臉兒脹得紫紅。長春這個壯漢，這會兒像個靦覥的姑娘。說完，又退回到廐門邊去。

「好的，我會跟他說的。」文太太沉吟了一下，又提起了一件事：「喂，長春，我最近倒有意僱一個女傭，幫幫小梅的忙；小梅每天要去大安寨許家梳頭，忙不過來。」

「太太，我會幫她的。」

「你也有你的事，而且不是兩三天就完的。」

「我起得早一點，餵好馬後，還能起火、掃地、抹桌椅。送少爺回來時，順便在街上買菜。太太，你眞的不必再僱一個傭人的。」語音懇切，倒不是空口白話。

文太太一揮手。「好，就這樣，下次加你的工錢！」然後返身入內。就在她忽略之際，友群乘機擺脫了她的手，讓自己留在長春的身邊。長春把馬具掛到馬廐的壁上去，友群也隨着走進去。這是一間陳舊的屋子，充滿着馬糞、麩皮、黃豆與稻草的混雜味兒。骯髒，然而却有點兒溫暖感。老福給拴在山坡上吃草，這會兒不在馬廐裡。友群故意踩在稻草把上，發出愉快的猝綷聲。友群說：

「長春哥，你眞的會幫梅姊做事?」

「我有力氣。」長春曲起手臂，誇耀地露出他那隆起的肌肉；在馬廐黯淡的光線下，牠們黝黑發亮，像堅實的鐵球。然後一手抱起友群，輕輕地說：「你也不是很喜歡小梅嗎，文少爺?」

友群點點頭。

長春走出馬廐，彎到通向馬廐閣樓的扶梯旁。「我帶你到閣樓去玩一會，好不好?我還有一塊烤兎肉呢。」

閣樓是長春的睡處，友群平日很少上去。閣樓又矮又窄，而且特別的是，閣樓靠裡的一段，沒有地板；向下望去，可以看到馬兒嚼草、馬兒噴氣。但友群像喜歡馬廐一樣，也喜歡這馬廐上的小閣樓，在空漠的大屋子裡，祇有這兒是擁擠而溫暖。

「小心，別讓我摔到馬廐裡去！」友群雯雯鬼精靈的眼睛。「不然，我就不能騎老福去上學了。」

七

文太太沒像許秉實太太那樣，把江易治送來的一對景泰藍痰盂，招搖地擺在客廳裡。雖然，牠們能使平凡的客廳生色不少，但也能引起頗不單純的後果。她考慮了一下，把一只放在臥室的妝梳檯邊，把另一隻放在大床的踏板上。晚上，文岳青坐在床上，剛好把以前沒處安放的煙灰，一段一段地彈落在痰盂裡。蔚藍色的痰盂，淡灰色的煙灰，成群的百靈鳥圍繞在四周，祇是牠們雖展着翅，却不會飛。文岳青的態度仍跟以前一樣，彷彿他在這時吸煙，就因爲他要吸煙，說話是多餘的事兒。等會，他要睡覺，就因爲他要睡覺。這倒是最簡單的。他的熱情呢？文太太躺在大床的裡邊，半啓着眼睛，盯着他。十幾年來，她沒有摸到過他的心。

文岳青把煙蒂丟在盂裡的水中，嗞的一下的清脆的響聲，像一枚細細的針，刺戳着靜的空間。然後，他半側過臉來，說：「我跟江易治無一面之緣，我想不透他爲什麼要送這一對痰盂來？」

文太太本想假裝睡着了，不回答這一問話，但再一想，這樣也不對，他說這話，一定知道她還未睡去，如她故意躲避，倒像懷着什麼鬼胎似的。她淡淡地說：

「他是豪爽的人，交遊廣濶，或許祇因爲你跟他沒有一面之緣，他才送這對東西來，表示願意跟你交個朋友。」

「我有什麽値得他交朋友的？」他用脚碰碰痰盂。這對禮物擺在眼前，却擱在心裡。他是一個不肯貿然接受餽贈的人。

「很難說！或許他聽別人說起，你人挺好。」她有意捧他一下，使他對江易治能發生好感。「好在他沒有附帶什麽條件，不像有些人，奉承你一下，就想請你替他的親友在所裡安揷一個小位置。」

文岳靑點點頭，脫衣上床。看到太太縮在大床的一角，他也就在跟她隔着一段距離的地方，躺下了，還順手把白瓷罩的高脚美孚燈的火頭捻得小小的，但滿眼還是振翅欲飛的百靈鳥。他覺得煩惱。對自己太太的話，他不大相信，但也不願爭辯。他並不是一個頭腦簡單的人。今天上午，他就向所裡的同事旁敲側擊地打聽過江易治：有錢、能幹、機智，對江易治的讚語很多，但却沒有一個說他爲人豪爽。他自己呢，也不是屬于豪爽那一類的人物。他就從來不會想到不明不白地送一件珍貴的禮物給一個沒有交情的人，而江易治又怎會例外？

「我認爲，江易治最大的目的，是想請你介紹對象。他去上海的機會很多，他的意思是，假如我們親友當中有溫柔美麗的小姐，最好爲他牽一下線。」

「我不知道，至少他沒有這樣說。我祗知道那個瘦太太很想把舒英許給他。」

「舒英？」文岳青忽然大聲地笑了幾下。「舒英，太配不上他了。像舒英這樣的女孩，對他太不够味兒。」

「你跟本沒有看到過他，你怎麽知道？」

「我想想就知道，跑跑碼頭的三十幾歲的幹練男人，怎會喜歡一個呆雞似的女孩？」文岳青激動地轉臉向着妻子。「我敢打賭，成不了事的。」

「你胡說，舒英她媽托過我的。」文太太也激動起來。

「成不了，成不了。即使讓他們結婚，也不會相愛！」他勁兒十足地嚷着，正對着妻子那雙閃亮的眼睛，突然，他停住了，他彷彿不是在說別人，而是在說他們自己。新婚初期，他所看到的新娘，也正是一個呆雞似的女孩；無笑無語。對他而言，十一年來，他還不會看到過這對目光有如今夜這樣明麗的。在那年輕、年輕的日子裡，他愛上過一個有明艷眼睛的姑娘，住在上海法租界的霞飛路的小洋房裡。假日中，他站在爬滿紫籐的圍牆外，用她的琴聲洗滌他的煩惱，但他畢竟從牆外走進她家的客廳裡，看她茂密的長睫毛，像小小的黑梳子，在彈琴時一闔一啓，乘着機會，他偷偷地湊着她的耳畔，說：「我願永遠聽到你的琴聲。」她的指法亂了，却挺認眞地回答：「我也喜歡有人會有這份耐心；沒有知音人，彈琴的人也是够寂寞的。」她父親原是寄居法國多年的華僑，對兒女的婚姻，抱着非常開明的態度。他有時在琴聲裡幻想着將來的生活，有着中國風味的嫻雅，也有異國風味的熱情。他的藍圖中，有一張輕巧的雙人床，兩把古色古香的雕花靠背椅以及一列畫着山水的屏風。客廳裡是她的一只鋼琴和一幀她小時候的油畫人像。他懂得安排，把藍圖設計得極合理想，祇是把最主要的一點——他父母的意見——忽略了。他被哄回家來結婚。他既沒有勇氣跟父母決裂，也就沒有勇氣再見那個女孩。多久，多久，他都不敢去霞飛路，怕聽小洋房裡流出來的琴聲在呼喚他。有一次，他終于鼓起勇氣，忐忑地走到那兒。琴聲沒有了，紫籐沒有了，掛在大門上的銅牌也已換了姓——她已搬了家。他在門邊佇立了一會，什麼感覺也沒有，像被人擊昏過去似的。他緩緩地離去，一直走到清靜的梵王渡，多遠的一段路！平日，他是絕對不會想到用雙脚去走的。

現在，他的妻子正躺在他的身畔，她有明亮的眼睛和俏麗的臉龐。他從不曾好好地研讀一下她的美。他總下意識地克制住自己，不去愛她；祇盡着丈夫的責任，而却不獻出丈夫的愛心。他半閉着眼睛，一心拿那個彈琴的女孩跟那個呆雞似的新娘作對比。他絕沒想到在十一年後的今天，那個新娘却已變成風姿綽約、應對自如的少婦，尤其是這幾天來，無意中她總顯出一份輕盈、一份魅力。他根本沒去注意她，但有意無意間，却老觸到這環虹彩。有一個思想在虹彩的外圍形成。她眞是個値得愛戀的女人嗎？這一點，或許在新婚之夜就該考慮。但在竄動的燭光下，他擔負了太多的失去的悲哀，倒並不企圖另有收穫的呀。

文岳青把手臂伸過去，床太濶，够不到她的妻子。要不，他就得把身子向裡移去。他對這張過份遼濶的大床，忽然憎恨起來。一張輕巧的雙人床，或能縮短夫妻間的距離。他一骨碌坐起來，又把燈光捻得亮亮的。

「你還想看書？」文太太問。

「不，我想跟你好好地談談。」

「談什麽？」

談什麽？眞的，談別人的？還是談自己的？別人的，自己實在管不了許多；自己的，或許也嫌太晚。他再去看妻子的眼睛，但牠們却望着別處。

「談江易治。」他言不由衷地說。

「你對他太感興趣。」她的眼睛仍望着別處。

這表情使他不快——使他太不滿足；于是，他宛似驀的發怒了，聲音粗粗地扔過去。

「我要了解他是怎樣的一個人！」

「要了解一個人，是要慢慢兒來的。」

「我要了解你！」他克制住的感情猝然迸發。他對她從來不會發過怒，想不到今天，他愛的觸鬚正伸向她時，他的熱情竟以不正常的姿態出現了。

「我在這兒！」文太太冷冷地回答。「我以前是這樣，現在也是這樣，我也不能叫自己變成一張紙，白底寫黑字，讓你一目瞭然！」

文岳青打了敗仗，沮喪地垂下了頭。「我不是有意生氣，眞的，一點不是，對不起。我想。我是太累了。」他乾脆熄了燈，溜進他自己的被窩裡去。那個呆雞似的小新娘，已隨歲月消失了，而此時此地，他自己倒活像一個儍瓜哩。

此後，他們就竭力避免在言談中提及江易治，這是那夜的爭執所留下來的一點餘波。他們兩個都有一種驅之不去的預感，覺得要是再提到他，準會惹起一場糾纏不休的爭執，但他倆却都常常想到他，宛若他已如一個影子，悄悄溜進他們的生活中。文太太想，如果他以後不來了——不來了倒好，留給她一股輕煙似的懷念，誰也不會疑心。就他倆的環境來說，這樣的結束最是恰到好處。她的自矜，不會讓自己失身於他，而她的寂寞，又會使她產生多少煎熬她身心的熱情。他是聰明人，或許也該知難而退的。

然而，不知難而退的，却是瘦太太的慾望。她竟又帶着舒英來了。說不了兩句，就拉着文太太問：

「事情進行得怎樣了？」

「什麽事情？」

「江易治的。」

「這十天中，他沒有來過。」

「這倒怪了，有人看到他最近老往這山上跑。」

文太太震駭了一下。謠言。可怕的謠言。他沒有來，別人已經在這麽說了，如果眞的來了，不是全鎭的人都要拿這當話柄了。但別人怎會喜歡造他倆的謠呢？他們連蛛絲馬跡這份嫌疑都沒留下來。莫不是江易治自己撒下的口風，逼得她在名譽掃地的情況下改嫁給他。他要是想用這樣的方式求愛，那她勢必無法饒恕他。

「一定是別人看錯了！」文太太拿茶杯的手有點發抖。爲了鎭壓這顫慄，就强逼自己喝下一口滾燙的茶。

「一點沒有看錯。」

「媽，你不知道，離這兒不遠，有一座屋子，住着他的表哥，他一定是去那兒的。」

「舒丫頭，算你的記性好。」瘦太太對女兒這一解釋，並不滿意。「文太太，說起來，眞氣人。對於這件事，她老子一概不管，說我想攀龍附鳳；水望下流，人往高爬，原是情理之常，難道我該把女兒送給那些不如我們的？但是舒丫頭呀，也不知道娘的這番苦心，全是爲她的一生榮華，竟也跟我過意不去，一聽我說到江易治，就蹙額顰眉的，巴不得這件事情快快過去。」

「她年輕怕羞，」文太太口裡這麼說，心理却兀自在想：既然這樣，你又何必窮忙，連帶也擾得我六神不安？

「但是，男人家說娶就娶，想嫁給他的人多着呢，我們得先下手爲强。文太太，你說對不對？」

「許太太，我把話說在前頭，我怕幫不了你的忙。外子跟江先生沒有交情，我還聽說，江先生也不是怎麼容易左右的人。」

「既然江易治沒來，那就請你在他大姊跟前替舒英說幾句好話。姊弟倆，總比誰都親。」瘦太太一本正經。她有一套她自己的戰略，抓住了誰，誰就很難脫身。她不待文太太回答，立即又接上去：「我知道，你會說，我跟她住得近，而且她又是我遠房的姪媳婦。但每個人的話，分量却不一樣呀。這自流井，有一萬多戶人家，我爲什麼獨獨托你哪，身份不同，而且，我也看得出，他們姊弟倆，對你是另眼看待的。」

文太太清脆地笑了幾下，這笑聲的含義可很複雜。是自謙與喜悅，也像是溫和的否認。她把旁邊的玻璃窗開大了些，引進來一股春風。應付這位瘦太太可不容易，必須養精蓄銳才行。她轉過臉去，給了她一個小小的、覺察不出的軟釘子：

「我想，祇有你對我是另眼看待，許太太。」

瘦太太高興地大笑，感到這句話好不受用。文太太也跟着她笑。兩人笑完了，才記起舒英——她照理也該陪着笑的——就把視線轉個方向，竟發覺她已不在客廳裡了。

文太太感到瘦太太這一坐，怕又要坐到下午才走。乾脆讓她一個人不停地說吧，自己聽而不聞，但却又怕她猛可地問你幾句，一時答不上來。藉口到厨房去關照小梅做些點心，好讓耳目清靜一會，但一到那兒，才記起小梅已去大安寨梳頭，還沒回來。自己眞被那些嘮叨話轟昏了頭，便在厨房的竹櫈上坐下來——眞願意坐在這兒，不再回到客廳去。長春這壯漢，正在那兒小心地挑菜剝荳，做得挺認眞的。

「長春，眞難爲你了。」文太太說。「無怪乎，小梅一直在說你好。」

「橫豎我空着，太太。」

「這厨房不是你的天地。你應該在一望無際的草原上騎馬馳騁。這兒，你像籠裡的獅子，可施展不出你的本領來。」

長春嘿嘿笑着。這位女東家眞會猜度人的心。

「你做事忠心耿耿，我看在眼裡，記在心裡。下次，老爺去縣城，我叫他添一點錢，給你買一對金戒子。」

長春的濶臉又變成紫色，說話結結巴巴的。「太太，你……眞好，眞好。」抬起手，摸摸光光的後腦勺。他從來不知道女東家有這麼慷慨、和氣。不知是她脾氣改了，還是自己的運氣轉了。小梅會說：長春哥，你到廿五歲，運氣就會好了。像你這樣的人，要是到上海去當騎師，在跑馬廳裡賽馬，收入好，又威風！小梅最會逗他。小梅這小妮子，一張嘴最伶俐，論品貌也不比有些大戶人家的小姐差，但你千切不能說她命不好，說她本該做小姐。假如這樣，她的眼淚準會簌簌地直流，叫他接都接不住，結果只好討饒說：好小梅，別哭了，以後我不說。你罰我替你剁肉餅子就是了。他最喜歡替她做事，讓她閒着，在旁邊說話；長春哥，你學會了做菜什麼的，到上海去做廚師也好。要不，做糕餅師傅也好。她替他想出各色各樣的主意。這小妮子，似比他大漢子還懂事些。他倒誠心誠意地不希望她是什麼小姐，否則，他們哪能有說有笑呢？

「我知道，你在這兒不會幹得太久的。」文太太說：「我希望你能幹到友群小學畢業，等他進了中學，就可寄宿了。到那時，你要離開，我願把老福送給你。」

長春直搓雙手，他眞希望小梅在他旁邊，代他說幾句；半晌，他才期期艾艾地說：「太太，你待我這麼好，我祇愁不能報答你，怎能說走？」

「人各有志，不能勉强。我這些話，是說遠了，反正日子長着。這會兒，客廳裡有客人，要做點心，小梅來時，你叫她馬上來見我。」

文太太回到客廳裡，那個瘦太太正在欣賞掛在壁上的樗仙謝時臣的中堂「青松白雲圖」——挺有耐心的，好像一個行家。聽到脚步聲，她轉過臉來，皺紋條條分明，那蒼老的勁兒彷彿要跟畫上的兩株松樹媲美似的。在這刹那間，文太太爲她悲哀，也爲所有老去的人悲哀。

「眞對不起，小梅還沒回來。我想，總不會太久的。」

「舒英也該進來啦，一個人在山上亂走幹啥；又不是住在平地上的人，沒看到過山。」瘦太太的語氣也很落寞。她忽然抓住了文太太的手，顫聲說：

「文太太，我羡慕你。」

「我？」

「誰都喜歡你、尊敬你。」

「我？」

「當然是你！」

文太太沒答腔，却在心裡畫了一個大問號。彎彎的鈎，扎得她好心痛。幸福？不幸福？她倏然想大聲告訴對方：不要讓女兒陷在沒有愛情的婚姻裡，千切不要！

八

範强趁着例假日回來，站在文太太的面前，對她仔細打量，他沒有想到他大姊也在窺視他。他還未開口，文太太就已抬起頭，搶先說了：

「你想對我說什麼呀？」

範强訕訕地不知怎麼接，半天才答：

「也沒有什麼要緊事，祇是回來了，總想跟大姊談談。」

「很好，很好；如果你有什麼難題，我一定替你解決。我看你最近的氣色很好，年輕人，要活得高興些才對！」完全是大姊的口吻。

範强點點頭，又暗暗地頂了文太太一句：「大姊最近也過得比較起勁了，聽說還要替人作媒呢。」

「你怎麼知道的？」

「想想就明白了。那許太太帶着舒英一次一次地來，兩隻眼睛祇看到江易治。」

「你才到，怎麼知道她們又來過了？」

「想想就知道了。」

「想想是不會知道的。誰告訴了你？友群？小梅？」

「都不是。我祗想問你：江易治眞是這樣了不起嗎？說穿了，他不過多了一些臭錢！」

「你這樣出口損人，是他惹惱你了？」文太太光了火。姊弟倆四目相對。他太不講理。在她面前找江易治的岔兒，到底爲了啥？

「他沒惱我，是我爲舒英不平，她這樣年輕！」

「你最好直接去告訴她！」

「我當然已經告訴了她。」

這句話一出口，範强知道漏了底；文太太也吃驚地跳起來。這簡直太不可能了，範强竟愛上了舒英？在杭州的大學裡讀過書、見過多少漂亮女孩的範强，竟會愛上這個旣不美麗、也不活潑的鄉下姑娘！但範强在愛情上是受過傷的，她知道他無法忍受別人的嘲弄，否則，以後，他將絕對不會再跟她談及這件事情。在這顧忌下，她不得不使自己的臉色顯得格外和藹，而且還把椅子移得更近些：

「你喜歡她，範强？」

「大姊，你不反對？」

「愛情是個人的事，我祇能給你一點客觀的意見。我是說，你祇見過她一次呢。」

「兩次，後一次是在渡船上。」

「兩次也不算多。」

「這是開始呀，大姊，但兩次也足夠認識一個人了。她這麼溫柔。你根本跟她吵不起嘴來。」

「但你得謹慎點兒，不要很快把感情全部付出去。」

話語是關切與叮囑，把那份不滿輕輕地收藏起來，但她也怕自己的眼色出賣了內心的情緒，就乘機退到臥室去。梳妝檯前的小櫈最舒服，等她坐下來，往鏡中一望，看見的竟是一個嚴肅的臉。她希望也有一種鏡子可以照出她內心的紊亂，好讓她靠着牠把糾纏在一起的亂絲理一理。她一開始就不大喜歡這對母女——更何況讓她們擠進來做她的親戚？對舒英，這或許有失公平，但有母親榜樣在前，又誰能料到，在她做了別人的妻子以後，不會變得饒舌不已？瘦瘦的中年婦人，滿口都是「她老子」不好，範強怎麼受得了？

她寧可別人娶舒英，可不願是範強，即使是江易治也好。或許，現在惟一的辦法，就是促使江易治能够娶她，使範強死了這條心。

她喚小梅進來，叫她告訴長春，馬上僱一頂轎子來，她要出去！小梅傳了話，又回進來，說：

「太太，你是去大安寨許太太的家嗎?許太太，每天都說，最好你能去玩。」

「我有事，你別問我去哪兒。我不在家時，你祇管把飯菜弄舒齊。」

文太太忙着換衣服，但却挑了一件鐵灰的花緞上襖，套上黑色的華絲葛裙，領口佩着卍字形、中鑲珠子的金別針，耳環、手鐲一概不戴。小梅在她背後說：

「太太，我再替你梳一次頭。」

「不必了。你拿油貼來，看頭髮哪兒發毛，你就在哪兒搽搽油。」

小梅把油碟拿到檯邊。白瓷描花的，大小像月餅，揭開蓋，滲透玫瑰油的油貼像只精巧的薄煎餅，小梅拿起牠，在文太太的兩頰上擦了擦。文太太隱約有種滑涼的感覺，說：「還有髮髻上也搽一搽。」身子動也不動，直到小梅把油貼放回到碟裡。她突然探身向前，在蓋子闔上之前，狠狠地看了牠一眼。鑲邊的藍緞破了，綉花的紅緞面子也慨得像浸過了污水，祇有那絲棉舖成的底子還是好好兒的。這是她年輕時在暑假中做的，當時，做了一對，原想送給母親的，想不到以後却用在自己的嫁奩上。這油貼的面子常使她想起在絲瓜棚下讀書倦了，靠着小綳子綉花的閒情。說是閒情，可一點兒也不錯，因爲那時，她的心境，有多輕鬆呀！

文太太避過了已在他自己臥室裡讀書的範强，走向門外，下了山，才問轎夫：「江府在哪兒?」

「這兒有很多姓江的人家。」

「江易治先生的府上，他是老跑上海的。」

「噢，他嘛，誰不知道，鎮上有幾戶人家趕得上他的？」

「好，我就是到他那兒去。」

轎子一走上街，就向大安寨的相反方向前進。街盡了，即使從轎窗中，文太太也能看到溪對岸的山坡上聳立着無數木頭搭成的鹽井架子，一格一格上去，彷彿是四面都可攀登的方形梯子。是有人想爬上青天去？再往右前方看，一處高地上孤零零地豎立着一座兩層磚造樓房。圍牆的白色鐵柵門在保守的小鎮上十分觸目。二層樓上有一個陽台，暴牙一般地突出屋外，看得出是後來加建的。或許可以說，屋主人是一個很想把歐美風味的東西帶進這小鎮來的人。

在前面的轎夫忽然掉過頭來說：

「太太，就是這座屋子，鎮上的人都說這屋子的風水好，看這土丘，像不像只伏在地上的老虎？」

「像老虎又怎樣？」

「老虎當然是財神爺派來守他的錢庫的囉，所以他的錢，只會多，不會少的。」轎夫說的完全是中國風味的故事。

文太太的身子向後仰，轎子正在上坡。她霍地感到她非捏緊拳頭來抵抗她的緊張不可。她簡直懊悔她這麼輕率地去看他。當她決定前來看他時，她可曾想到他見到她時的神態？那天，他上她家去；今天，她却自已找上他家來！雖是懷着不同的目的，但也同樣可以被誤會是懷着同樣的目的。

佣人看到客人來到，趕快打開了鐵門。她現在祇有一個希望：他不在家。走出轎門，她就慌忙地問那佣人，老爺是不是出去了，要是聽到「出去了」這一答話，她就可以馬上回身上轎，但佣人還未答話，文太太却已看到江易治走出屋來。他穿着一套法蘭絨的短裝，口邊啣着一支煙，臉上掛着一個冷漠的笑。她沒有比這時更欣賞這個冷漠的笑了，牠像一面帳幔，顯示了他倆的距離。同時，更因為佣人的在場，減少了事件的神秘性，而使她鎮定不少。她堅信他倆之間的談話，一定會非常得體。

「你好，江先生！」這是文太太想到的第一句話。直到他們在客廳裡坐下，江易治的態度還是非常冷淡。

「外子太忙，叫我來拜訪你。」文太太又說。她簡直沒有心緒去環顧一下他家的客廳，祇知道她坐的是張沙發。她越來越受不了他的冷淡。如果他的冷淡再繼續下去，她會拔脚就走，別說向他提媒了。持久的冷淡不正表示他已把她跟瘦太太放在一起了？

「不敢當，你們太多禮了。」

「你是不是想出去？」文太太忍不住問。

「不，我最近很少出去。」

「你最近不是常到我們這邊的後山來？」文太太完全是爲了想反擊，才說了這一句。

江易治的眼睛一亮。「你常常看到我？」前身向前傾，挺起的眉毛上有他殷切的期待。

「是許百堅太太告訴我的。」

挺起的眉毛落了下來，重重地壓在他的眼皮上。「我不願那個嘰喳不休的太太注意我的行動，我不是她所追逐的野味。」他憤然地把半截香煙丟在白銅痰盂裡。「你是受她之托，來這兒的？」

文太太無以爲答。

「你爲什麼不能單祇爲了要看我而來這兒？」

「今天不就是？」

「不要懷着別的目的，我是不易受人騙的。人們對我的貪婪，我很明白。如果我對婚姻很隨便，那末，我在上海，該有百次以上的機會。」

「我要走了，你太激動。」文太太怫然起身。即使他的話是對的，但她的驕傲却不允許他在她的面前發牢騷。

江易治趕忙攔住她。「我向你道歉。你好不容易來了！」再向前逼了一步。文太太祇好又坐到沙發上。

「請你……我祇願我們能平平靜靜地談談。」

「好好，全依你，你先喝一杯茶。你要談舒英嗎？她怎樣？」江易治煞有介事的問話裡有着揶揄的意味。

文太太搖搖頭，嘆了一口氣。「我不談她。我們爲她已經够不愉快了。事實上，我也不喜歡她；但不管怎樣，總有別人會愛上她的。」

「謝天謝地，祇要不是我，任誰都好。」

「但是，十一年前，我也是像她那樣的。」

「至少現在不是。」

「或許，十年之後，她也會完全改變的。」

「你能担保？」

文太太又一次地嘆了一口氣：「我們眞的不要再談她了。我想，我是處在夾縫中的人，被兩方逼迫着。」

「我沒有逼你，至少，你該清楚我是怎樣的一個人。我的要求很低。我並不俗，我把金錢和感情分得一清二楚。」

文太太看看半掩的客廳門。「你此刻說這種話，多使我爲難。」

「我的幾個佣人在前面，他們不會進來的。其實，我要說的話不多。我愛一個落寞的人。」

「落寞？你太武斷了！」文太太以極端的平靜承受了他大胆說出來的「愛」字。

「一點也不。我姊夫請客的那天。傍晚，我從家裡步行到大安寨去，在經過大街的時候，爲了井鹽的引稅問題，我曾彎到鹽務稽核分所去，但時間已經太晚了，員工們全部下了班，祇有二樓的辦公廳裡亮着一盞燈，我看到文科長獨自在用撲克牌打五關。當然，他不知道我是江易治。」

「你撒謊！」文太太低叫。

「我並沒有撒謊。」

「你撒謊！你撒謊！」文太太站起來，臉色蒼白得可怕，顫慄地對着他，彷彿她是風中的紙人。

「我沒有，我沒有。他在躲避你，你不要驕傲。他並不愛你。愛你的人不會這樣。愛你的人——在他沒法看到你時，就藉口到表哥家去，偷偷地在你屋後的窗口看你。」

「你胡說！你胡說！」文太太悻悻然舉起右手要去蒙住他的嘴，但却被江易治接住了。她又舉起左手去按，但同樣又被他握住了。她一籌莫展，全身哆嗦，不聽她使喚的眼淚，也就串串流出。她知道岳青不愛她，但卻不知道他在這樣地躲避她。她原本還存着一種有一天他會愛她的希望，讓他們重整他們遲來的愛情！

「你也太激動了。」江易治把她輕輕按到沙發上。「人生安排得太不適當了。我所追求的，他棄若敝屣；別人所追求的，我却避之惟恐不遑。你千萬不要再管別人的婚姻大事了。」

文太太用手帕拭去了淚痕。「剛才我實在很抱歉，我又不是孩子。十一年來，我哪會不知道？」

「說穿了，總叫人難受。我的要求很低，祇要讓我能常常看到你。我們不會有什麼越規的舉動。我們都是謹愼的人，不會讓人們去蜚短流長。如果我們有一天需要在一起生活，我有錢，我們可以遠走高飛。」

「要是我年輕十歲的話，那該多好。你看自流井，到處不都是貞節牌坊？女人的一生幸福，就得看你在婚姻方面抽到的是些什麼籤？」

「不管這些。以前跟現在的標準可不一樣。我看，我們老坐在這兒也不好，我且陪你到對面山上去看看我的鹽井吧。」

文太太苦笑着：「你要炫耀一番？」

「你缺少的不是錢，在你面前炫耀牠，是一點沒有用的。」

江易治進去換衣服。文太太閉眼休息了一會。江易治的字字句句，如馬蹄那樣印在她的心田上。那愛的痕跡帶着灼熱的痛苦與歡樂。她對他還有什麽好矜持的呢？她愛他！所有前來這兒看他的理由，祗是一種自欺的藉口；她是一個可憐的懦弱的人！

「走吧！」江易治推推她。他穿着一件薄呢袍子，裡面是一條西裝褲，手中拿着一根手杖。文太太對手杖瞥了一眼，他馬上對手杖作了一個解釋：「你把這手杖帶着，那邊路難走，有時用得着的。」

「別瞧不起我，我會走的。」

「我不要你爲此摔斷了腿，否則，我會懊悔一輩子的。」

江易治的家裡本就備着轎子、僱着轎夫的。兩頂轎子，一前一後地出發。文太太在後，她望着、望着，江易治的身影就從轎子中躍騰出來，貼在她的眼簾上。這樣出遊，別人或許不以爲然，而此刻，她却是如此平靜，即使看到高豎在左首溪岸上的鹽務稽核分所時，她也不會驚悸一下。讓僞裝的丈夫在辦公廳裡找他的夢，她自己也要找一個眞實的夢。

轎子過了紅石砌成的上橋——那落入碧溪中的赭紅影子該像條彩虹吧。鹽井逐漸移近，那些木架子聳立着，黑影子斜倒在地上。山邊、山坡上，到處亘延着倚在支架上的巨蛇似的竹管，首尾相接，把鹽水輸到火井去煎熬。疏疏落落地散佈在四處的房屋，都簡陋得很，斑剝的粉牆上貼晒着用稻草拌和而成的、當作燃料用的牛糞餅，渾圓的，如一個個車輪，然而却把房子的清潔全破壞了。

轎子在坡上一座鹽井的附近停下。文太太出來時，吸吸鼻子：空氣中瀰漫着鹹味，彷彿自已置身在海洋的邊緣。多奇怪，以前，她祇知道山上有泉水，怎知道山中還有海水！

「你瞧，」江易治用手臂劃了一個半圓，「這兒，鹽井架子多得像上海虹口工廠區的煙囱。其實，一口鹽井，也抵得上一個小型的工廠。每個來自流井的人，都要到這兒來看看；你已經來晚了。」最後一句話，他又暗示着她丈夫對她的淡漠。

「晚了不更好？」文太太頭一揚，那姿態是相當勇敢的。肯定愛的價値，承認愛的存在，她忽然覺得自已年輕了不少，雖然在那產鹽的山上，沒有鳥語，也沒有花香。

「我陪你去看！不遠就是我的一對鴛鴦井，另外幾口，全在貢井。」

「你很以牠們自豪吧？」

「是的，我喜歡我的好運，但是，如果，有一天，我需要錢的時候，我也願意把牠們賣掉的。我願意我有另一種好運。」他微笑着。

鹽井的外圍築着矮矮的土垣，他們從門口進去。一個工頭模樣的監工看到他們，從相距十來丈的鹽井邊走過來，向江易治卑恭地行着禮：

「江老爺，今天上山來，可有什麽事？」

「沒有什麽，祇是來看看。出鹽量正常吧？」

「江老爺，跟往常完全一樣。這口鹽井簡直就是活泉嘛，哪汲得完！」那個工人的黧黑的臉上有着驕傲。他的眼睛望着鹽井架子，瞇瞇地盪着笑意。他那打滿補釘的玄色粗布褂子上，洒着白色鳥糞似的鹽漬，雙手也被鹽水侵蝕得像龜裂的田地，但他的笑意還是眞誠的。

江易治恍然悟到眞正痛愛鹽井的，並不是作爲主人的他，而是那些整日與鹽井爲伴的鹽工們，而眞正值得驕傲的，並不是他，而是他們。

「全靠大家同心協力，順發。」江易治由衷地說。

「太太，這是寶井，」鹽工的澀澀的聲音裡也有着鹹味。「水火同源，成本低，盈利厚。江老爺錢多量大，給我們的工錢也比別家的多。」他舐舐焦乾的嘴唇，笑意從眼角飛濺開來，但也顯示出他臉上粗粗的皺紋趕到了歲月的前面，跟他粗壯的胳臂有了距離。「我們簡直不用買鹽，回到家裡，盛盆水，洗了手、臉，再把換下的衣服扔在水中一浸撈起，嘿，就是一盆鹽水。」他放開喉嚨，大笑兩聲，把這當作一個笑話。「瞧，鹽水管子快上來了，我去照料放鹽水。失陪了、江老爺。」

「慢走，」江易治喊住了他。「你跟大家說，我知道他們辛苦，等到端午節，我加發半個月工錢，讓你們做兩身新衣服。」他揮手拒絕了鹽工對他的道謝。「不要傳出去，別家會說我的。」

文太太望着江易治說：「你跟他們倒相處得不壞。」

「錢是水，可去可來。人有良心，我待他們好，他們也待我好。我經常不在家，誰也沒欺過我。何況是，掘一口井，有水，有火，都是天意，我也不能獨個兒儘佔了。」

「你倒想得透，但又爲什麼千山萬水地去上海做生意？冒風險？勞心神？」

「呃，這又當別論，我喜歡到處走走看看。這兒雖富甲全省，但總是一個小鎮、一個山谷。自己的國家有這樣大的疆域，怎麼不趁年輕的時候走走看看？我不贊成小鎮居民終生侷居一地的偏狹觀念。往好處說，他們安份守己；往壞處說，他們坐井觀天，不知世界之大。」

「唷，你倒發起高論來了！」

「好，我們現在不談這些，且去看火井吧。」

江易治以主人的姿態，領着文太太向一座龐大的草寮走去。寮裡，排滿了淺底厚鐵鍋，直徑丈把的鍋口好嚇人。一片薄霧在煎熬着的鹽水上昇起，無數的水泡形成、破裂，形成、破裂……滙成一片碎雜的聲響。

「這鍋底有火？」文太太俯下身子，朝鍋底看去。

「是的，沼氣。從井口用管子接到每個灶裡。藍綠的火焰，像藍綠色的雲。晚上，用石塊把火口蓋住，雲散了，祇留下黑幽幽的洞。」

「這兒是個神秘的地方，我喜歡這兒！」

「如果文科長調差了呢？」

「我仍舊可以住下去。一個人隨時可以產生勇氣。」

她從鹽包裡拿起一粒灰白色的井鹽，放在手掌上撫弄，像撫弄一顆骰子。「你看，這鹽巴如果雕成骰子，簡直可以亂眞。」

江易治也拿起一粒。「說這話，你彷彿是個賭徒。」

「或許是。賭博的方式很多，不單是用金錢。我想，從今天起，我已開始在作另一種賭博了。」

兩個人都把鹽巴放回原處。

「那末，祝你好運！」江易治俏皮地說，同時也回答了他對她不變的情意……

他們剛離開火井，一陣馬蹄聲從土垣外響近來，驀地，一個人騎着馬衝入土垣。

「是老福！」文太太驚叫。「是範强，他來這兒幹嗎？」

範强一直讓馬衝到他們近旁，這才翻身跳下來，秀逸的白臉因喘氣而泛靑。文太太知道範强的騎術並不太高明，這一段路的馬上驚險，怕已够他受用，她過去攙他，但他却向旁一讓，用拒絕來接受她的好意。

「大姊，我到處找你。」

「我每天在家，難道今天一出來，家裡就有了事？」兩個人的話裡都帶着刺兒，躲過別人，暗暗地鑽進對方的肉裡。文太太轉過臉，從寮門望進去，重新去看鹽鍋上的那片飄動的煙雲。姊弟倆很少拌嘴，老遠地跟着大姊來，就是爲了深深地信賴着這份感情，不料，今天因舒英這妞兒，兩次都搞得不很愉快——不必把目的用成堆的樹葉埋起，大姊的心眼兒是透亮的：我看你把牠放下，我看你把牠掩起。或許，你的心眼兒是够機敏的，一匹馬跟踪到這兒，祇怕我的嘴奪去了你的愛人——但你猜到了前半，却沒猜中後半；我錯估了自己，此刻却不會錯估了你。讓屬于你的屬于你，屬于我的屬于我。我們是兩姊弟，我們所求的是同樣的東西。看哪，這兒有的是鹽井，火井，高高的架，低低的鍋；這兒是另一種風景。許多人看到過海，可沒看到過牠們。拿一粒骰子般的鹽巴，去賭你的命運！

「大事倒沒有，」範强說。

「小事呢？」文太太略側過臉，斜睨了範强一眼。

「我找不到要帶到學校去的衣服，小梅也找不到，你看，天慢慢熱了。」

「我回去替你理。」文太太又面對着範强，溫和地笑了。可憐的弟弟，他到底編不出什麼話來；想用這樣幼稚的藉口來掩飾他剛才的急遽，誰相信？無怪乎他要愛上幼稚的舒英了。「小事情，何必毛焦火辣的，範强？大姊不會不把你的事情放在心上的。」

範强原想再頂她幾句，却被她的笑容軟化了。此刻的大姊，完全沒有平日的嚴謹樣兒，宛如她還是未嫁時的大姊；梳長辮子，繫紅綢結，穿着一身鑲邊的雪青短襖褲，笑起來時，整個的臉兒全亮了。他拉着她柔軟的手，說：「大姊，替我摺隻烏篷船；大姊，替我用紅紙剪一朵花。」她替他做的香袋最漂亮，紅緞縫成的荷包香袋，五彩絲線織成的糉子香袋，黃白蠶繭製成的花鼓香袋……他把牠們一字兒地掛在床檔上，讓他幼年的夢充滿了芬芳與華彩。嫁後穿着華服的大姊忽然變得黯淡了——是那炫目的色彩的責任嗎？在這木架子與草寮的襯托下，此刻，穿着素色服裝的大姊，怎麼又光彩熠熠了？

「大姊，找衣服是假話，」範强照實說了。「我祇是找你；你平日不出去，要去的地方總是好地方。」

「這話說得對，這裡就是好地方。試想，沒有這些鹽井，自流井不就成了寂寞的山谷了？江先生特地陪我到這兒來看看。你來得正是時候。」

「那眞太好了。江先生，聽說，在這兒，鹽井可以做嫁奩，也可以當聘禮。」

「一點也不錯。」

「這樣說來，我倒很想向家裡要些錢來，買下兩口鹽井，擺擺威風。」範强的話裡又夾着刺了。

「如果你有這意思，我倒願意廉價出讓。」江易治毫不遲疑地回答。「而且，買一口，送一口。老實說，我對鹽井倒沒有你這樣有興趣。」

範強訕訕地笑着，不知如何去接江易治那番滾燙的話，自己的冷言暗刺，一剎那變得了無用處，看對方神色自如，却懊悔自己的孟浪魯莽了。他終于拉拉文太太的袖子，把她當作一個緩衝：

「大姊，你聽，這是個好機會，你不如把首飾賣掉，把江先生的鹽井買來。」

文太太說：「我的首飾不多，而且，我對牠，也沒有你那樣有興趣呀。範強，你錯估了這些鹽井了，普普通通的鹽井，一口也要三、四萬銀元呢，就是用銀子砌，怕也要不了這許多！」

範强的訕笑變成了慘笑。一片白浪滾滾而來，是銀液，還是鹽水？牠們聳起如石柱，迴旋着，向他逼來，要他屈服。他舉起雙手擋住牠，「不要，不要！」霍地，他清醒過來，祇看到江易治嘴角上的一絲笑意。

「範强，江先生知道你是說着玩玩的。」

然而，範強的臉却嚴肅得可怕。他陡然轉身跑開，跨上老福的背，衝出土垣，向山下馳去。文太太一驚，趕忙跑到門邊，尖聲叫喊：「小心，範強！」餘音還未散盡，老福却已到了山下。

江易治站在她旁邊，兩人看着老福跑過了上橋，向對岸疾馳。

「你弟弟對我像有一點不滿。」

「似乎有一點。」

「爲了我對你的……」

「不是。我想，是爲了別的。」

「別的什麽？」

「以後你會知道的。」文太太含蓄地。「今天，我總算見識過了鹽井、火井。我要馬上回家去。範強有時也會耍些小脾氣的。」

「那末，我什麽時候……」他用眼光拉住她：「什麽時候去看你？」

什麽時候——什麽時候？她倚着門回頭望着十來丈外的鹽井邊。幾頭茁壯的水牛正把直徑二丈有餘的大絞盤推動得像顆運行不息的巨星；篾索因痛苦而呻吟，滴着淚，慢慢地被困纏在這巨星上，而大毛竹管則從井口冉冉地昇起來了。

「看情形再打算，」文太太說。「你看，那浸透鹽水的篾索最可憐，雖然，牠粗得像根小樹幹！」

「有一天，我會把牠們賣掉的。」江易治說。「有一天……」他的聲音遠去了，彷彿牠們已長着風的翅膀，穿過狹谷，奔向遠方。

九

文太太的轎子趕回家來時，騎在馬上的已不是範强，而是到東昇寺小學去接友群的長春了。但長春還沒忘告訴她一件事：

「太太，你回來啦。大安寨上的許秉實太太差人送來了一包東西。」

但此時此刻，文太太關心的並不是這份禮物，而是範强。她急急地走到範强的臥室裡。範强已整好了東西，除了一只籐條提箱外，還有一只塞得鼓鼓的皮箱。

「大姊，我明天就回去。」

「學校?」

「不，回老家去。」

文太太走前一步，想去捏住範强的一只手，但範强却固執地把雙手深插到褲袋裡去。

「決定得這樣突然，範强?」

「是的，太突然了，跟你去看江易治一樣突然。舒英會是一只羔羊，在你們的計劃下穩穩地被獻上祭壇。我這個人，倘若有點自知之明的話，倒是明白如何不能跟有錢的江易治作公平的競爭！如果這是註定了的悲劇，那我又何必等到高潮時再收場？」他攤開雙手。「大姊，你替我想想看。本來，你是局外人，但是今天，你却讓自己捲到這件事情當中來了。」

文太太搖搖頭。「你以後會知道。事實上，我倒並沒有揷足。至于江易治，從他那天在我家裡所表現的態度看來，你就可以知道，他並不想爲了舒英而跟你競爭。」她停了停。對于江易治，她祇說到這兒爲止。如果再去保證他爲什麽不會愛舒英，那末，要不是她把她跟江易治之間的秘密洩漏，就是她說的全是謊言。兩者都是她所不願的。「我想，你要爭取的，該是她的母親，範强。」

說到舒英的母親瘦太太，範强的頭就低了下去。二十二歲的他，不會不知道她頑固得猶如溪澗中的一塊大石，妨礙了別人的行進，却沒給自己帶來任何好處，充其量，祇顯出她自己的與衆不同而已。但他私底下却有另一種想法，如果擺在她眼前的目標——江易治——能够退去，如果江易治能儘速跟別的女人結婚，那末，舒英母親的失望不正是他自己勝利的預告？

「大姊，」範强說，剛才的汹汹之勢雖已烟消雲散，但兩眼的鬱悒却也隨之隱約地顯現出來。「我說話太沒考慮，幸而，你是我的同胞手足，能够原諒我。或許，這是我的命運，我看中的女孩子總不是那麽容易到手。大姊，我想，要我現在去討取舒英母親的歡心，怕還不如請你幫忙來得有效呢！」

「要我幫忙？」文太太輕輕地驚叫：「好弟弟，不要老把責任推到大姊的身上，我怕擔當不了。臨了，不如你的意，再來一次整裝回家，我可受不了。」

範强被文太太說得滿臉通紅，頓時轉過身去，默默地把提箱和皮箱統統塞到床底下去，然後又拉着大姊坐下來。

「大姊，一口鹽井眞是貴得像一家小工廠嗎？」

「你如果對這眞有這樣濃厚的興趣，你何妨看你姊夫的樣，以後也吃這行鹽務飯。」

範强有意不去咀嚼姊姊的不滿情緒。「我想，像舒英的母親那樣，眼紅江易治的鹽井的，在這兒該不少吧。」

「應該有，但正確數目，沒調查過。」文太太的口吻還是不冷不熱的。

「我想，爲了我，請你趕快介紹一個女孩給江易治，讓他們趕快結婚，這樣，舒英母親就會死了這條心。」

文太太驀地大笑，笑得如此響亮而持久，倒不像是個三十幾歲女人的莊重的笑。範强因她的笑而呈緊張。那笑又滑、又刁，曲折地溜動，隱沒在房間的四周。猝然，這笑聲被切斷了，文太太青白着臉，嚷道：「你們都是自私的人，你們——爲了自己，寧可犧牲別人。江易治，他有鹽井，難道就不該再有婚姻上的幸福？大家都想揷足在他的婚姻上！你，跟舒英母親，都是同一條心；竟希望我也跟你們一樣，去擺佈他！」文太太沒有想到，要不是關懷江易治，那種激動是無法產生的。「你，心中所信仰的是戀愛自由、愛情神聖，我倒要問你，你希望別人的是什麼？」

「他是商人，大姊，商人懂得什麼。在他們看來，每一個女人，都是一堆肉，好的肉與壞的肉，不像我們讀過書的人，還要選擇一個人的靈魂。」

「我的讀過大學的好弟弟，不要把自己擡得太高了。江易治像個沒讀過什麼書的商人嗎？老實說，在跟他年齡相仿的男人當中，他怕是很懂得一個人的靈魂的；至少，他要比你的姊夫懂得多。」

「大姊，我發覺你老是在袒護江易治，那對景泰藍痰盂，的確發生效力了。」

「如果你要這樣想，你也沒有什麼光采。」文太太說。「同樣道理，如果你要立即回家，你也不會有什麼收穫。一個人看人，總得公平。範強，你既然到了自流井，就得愛上這些鹽井，愛上這兒的一些朋友。事情總得慢慢地來；一不稱心，就想走，實在不是上策。舒英是個好女孩，但也並不光芒四射，你儘可一步一步地去追她。」

「好，好，大姊，你的理由充分，我認輸。我明天一準回學校去，你可以放心了吧？」

文太太無可奈何地笑着，拍拍弟弟的肩：

「知道了就好，大姊並不是想跟你爲難。我希望你雖愛舒英，却仍能尊敬江易治。假如你要搞兩三口鹽井，擺擺威風，或許以後有的是機會——你的事業還沒開始呢。」

文太太說完，便退到自己的臥房中：她要讓範强細細地去想一想——其實，該細細想的，不僅是範强，更有她自己。今天外出得太突然，結束得也有點意外：原想把自己的那份感情輕輕撇開的，現在，却反把牠緊擁在懷裡了。不知道岳青對她的蓄意的冷漠，就覺不出江易治對她的幽深的情愛。有許多這樣的故事：一個有錢的中年男人，愛上了年輕美貌的姑娘；也有許多這樣的故事：一個中年男人看上了一個有夫之婦，因爲她有許多財產。他們的愛情不屬于那兩類。他付出的要比她的多——要是有人知道他倆的私情，就準會說他是傻瓜。現在，她知道，要抑制自己這份戀情，那不僅是在虐待自己，更是在虐待江易治了。

桌子上放着許秉賓太太送來的一包東西，打開包紙，原來是一只烏木盒子和一件湖色平緞的衣料。她掀開盒蓋，看到一對光瑩的小玉兎蹲在紅木墊座上，她拿起一只小玉兎把玩着，紅木墊下還標着售價和出售店家的名稱：上海品珍古玩。這，當然又是江易治從上海買來送給他大姊的。一股溫泉泛自她的心中，柔柔地流遍她的全身。把玉兎抱在胸前，把玉兎偎着臉頰，瑩滑的，瑩滑的，是玉兎？還是江易治的刮得光光的下頷？她分不清楚，祗更緊地偎着牠，恍惚聽見了江易治的話：「你累了，這些年來，你總是孤伶伶地一個人……」她的確是累極了，這樣矜持，這樣地在霧中摸索，而沒有一個可以讓她躺下去休息的男人的胸膛。「我累了。」她悠悠地說，費力地睜開半睡的眼皮，却發覺站在椅邊的竟是她的丈夫岳青。

「你打了個盹，」岳青說，「這些是誰送來的？」

「許秉實太太。」幸而不是江易治送的，否則，她的這副愛惜的樣兒，岳青不起疑心才怪。

岳青拿起另一隻玉兎，看了一看，放回原處，又把香煙熄在不遠處的圍着百靈鳥的痰盂裡。

「很好，你輕而易舉地跟他們結下了友誼，本領可眞不小。聽別人說，前任的韓科長在這兒住了六年，他們兩夫婦跟這兒的幾個大鹽戶搞得不太愉快，當然，也包括許秉實夫婦在內。據說這也是他請調的原因之一。」他突然停下來，細看自己的妻子。難道她眞有如此魅力、如此手腕？來過他家的同事，沒有一個不在他面前誇獎她的。那時候，他總以爲這一切的褒讚，祗不過是些客套而已。現在，各種事實，却不得不叫他屈服了。就說眼前吧，躲在黃昏的微光中的她，有着一種朦朧的端莊的美，眸子閃爍得像天邊早昇的星星，驚起他沉睡多年的愛意。從那夜跟她爭執以後，那愛意總在那裡蠢蠢欲動。「你累了？出去過了？」他把右手搭上妻子的肩頭，雖是極平常的動作，但對他來說，却是一種想慢慢地撤除對她的冷漠的前奏。

文太太一驚，感到那只手的重量，渾不是她所能負担的。她把玉兎放回桌上，假裝去吐痰，輕輕地把他的手推開了。走回來時，眼神中的熠熠之光也退去了。「還好，不太累。現在，該吃飯了。」說着，想往外走，文岳青却一把拉住她：「別忙，我不餓，我倆在這兒坐一會。」語音熱切而懇摯。文太太瞅着他。這個男人，是她的丈夫，十一年中，他不曾這樣貼體過她。在她默默的幻想中，曾如何渴望過他的愛撫與蜜語，然而，却不是當她知道他寧可打五關、而不肯同她赴宴的今天！他此刻這種想博取她情愛的語音，看來祗是一種假意的慇懃。

文太太靜靜地坐下來，並讓丈夫坐在她對面。她沒有問「你要說什麼」，祗微側着臉，望着他。說她是在期待吧，却缺少一份急切；說她是在不耐煩吧，她也沒有一絲焦躁。她就是這樣淡然地跟他面面相對，帶着一種可以永遠坐下去的冷靜，而這種冷靜，却正是此刻的岳青所最不歡迎的。

「範秀，你怎麼不說話？」

「我想聽你的。」

「你剛才去哪兒了？」

「去看對岸的鹽井。」

「啊！你不跟我說，否則，我明天陪你去。你一個人怎麼去的？」

「江易治先生陪我去的。」

下面的話突然中斷。文岳青的哆嗦的嘴唇躲掩在漸黯的光線中。當文太太點起美孚燈時，岳青已能爲自己的緊張而感到好笑了。怎麼，自己想到什麼地方去了？範秀的這一次的出外就引起了他的疑心？從前，即使她多次外出訪友，他也從不願過問。他萌生的愛使他同時萌生了妒？但在沒有問清原因之前，自己的這種思想，無疑地是自找痛苦而已。畢竟，現在，他所渴望獲得的，不是妒忌的痛苦，而是被愛的快樂。他感激剛才那隱藏住他面容的暮色，也感激此刻這照亮了他臉色的燈光，因爲他又能自若地微笑了。

「噢，當然。」岳青說。「江先生當然要比我更熟悉那個地區，而且也比我更熟悉那兒的人，但你怎會想到去找他？」

「我不是特地去看鹽井的。」

「去看他？」

「去跟他談談瘦太太托我的事！」無論如何，舒英這件事，是她可以跟江易治會晤的最好口實。

文岳青笑得很輕鬆。岳青，你聽到了她的話沒有？你可以放心了吧？你這傻瓜，她不說，你也該想到的。那個牛皮糖似的瘦太太，她那洒豆子般的話語，你受得了嗎？範秀是受不了她的糾纏才去的。岳青，見識過一個像瘦太太那樣的女人，你就得感謝老天賞給你一個像範秀這樣嫻雅的妻子！你早該知道這一點的。把對于命運的抱怨留給過去吧。岳青，你找不回霞飛路那個在法國出生的女孩，你總不能空待一輩子。你今天應該想通這一點了。

「江易治怎麽說？我看沒有多大希望。」

「猜對了。其實，我根本沒有說，他就用話堵住了我。他說話有時很率直。」在跳躍的火焰下，她又看到了江易治：他抓住她手腕時的灼急，他跟她離別時的依戀與期待；够她懷念、懷念。她自己的那份愛實在藏得過久，要不是江易治的率直大胆，她會一直冰封下去。此刻，丈夫坐在旁邊，他那啓閉不停的眼皮，顯示出他的內心並不安靜。他今天的關注，是一種令她多麽厭煩的例外！她可不要一丁點兒施捨式的情感！

「到底，江易治是個生意人。他今天說話很不客氣？」

「一點也不，率直並不等于不客氣，否則，他怎麽還會陪我去看鹽井？」

文岳青忽然感慨地說。

「其實，你何必爲別人的婚姻奔波、操心，我們自私一點，看看自己的吧。我們並不快樂！」

「是的，你並不快樂。」

「還有你！」

「我？我很好！」文太太悽悽地笑了。「我們女人的快樂誰關心？一種無比的忍耐，別人稱之爲賢淑，在那種榮譽下安然度過一生，該也算是幸福與快樂。我但願自己沒有進過新式的女校！」

「你對我不滿！」

「無所謂不滿。你們男人有很多權利。我現在衹有一樣要求。」

「什麼？」

「讓我們像往常那樣，吃晚飯去吧，我的話已經說得太多了。」

一〇

文太太把許太太送來的那對玉兎留給了自己，却把那件湖綠平緞的衣料給了小梅。小梅的嫩白的臉上因此老是貼着笑花，她躲在自己的臥房裡看，又拿到厨房裡讓長春瞧。澄碧湖水邊的一朶桃花，美極了，耀花了長春的眼。小梅說：「到文家兩三年了，總是穿花布衫褲，來這兒以前，太太給我添了兩身棗紅和墨綠綫春的，但看着別人穿了緞子，閃亮閃亮，眞是眼紅，今天總算也有了這麽一塊衣料，到底是那大安寨上的許太太出手濶；倘如要我家的太太出錢去買，怕要再等他十年！」小梅對自己的女主人總有點不滿；想起跟那胖胖的許太太梳頭，那才輕鬆。梳頭是細活兒，不費力，胖太太又會讚人。她在胖太太背後忙，胖太太就說她的十指靈巧，人也長得好看；梳好了頭，還要給她吃一碟花生糖，或者一把炒白菓，隔些日子，又會賞給她一吊錢，說是讓她買些胭脂撲粉什麽的。那些姊妹們，見自己的女主人待她這麽好，也就對她另眼相看，專說好話給她聽。每次，轎子停下來，那個向她學梳橫S髻的春花，總是挽着她走進屋去。她倒眞願春花永遠學不會這一手呢。

小梅把湖綠緞子向身上一比，望着長春。長春雖不敢用粗糙的手指去摸，却早用目光撫過這鮮麗的緞面跟那較諸緞面尤爲鮮麗的臉頰。他的嘴雖笨雖拙，但每個字却都是用誠意煉成的：

「眞好看，眞好看。我以後也要買一件給你。」

「哼，別吹牛。你知道，幾塊銀洋一件？」

「你別小看我，慢慢積，水到渠成。」

「我也不要你辛苦錢快樂用，去買這麼貴的衣料送我。我小梅眞會這樣愛漂亮？你快不要存這種心！」

長春走得更近一步，聲音顫抖抖地：「小梅，你眞好。你說，你要我買些什麼給你？」

「我什麼也不要你買，祇要你把錢積起來，將來，趁船去上海。上海大地方，你好闖天下。」

長春狠命迸出一句話：「我一個人去有什麼意思？」

小梅看着他，忽然間，她全然明白了。她抱緊緞子，轉身想跑，長春却比她更快，攔住了她。

「小梅，不要跑，再聽我說幾句話。你要我把錢積起來，我倒是眞的積了些。我給你看一樣東西。」他撩起布褂子，當肚是一只藍粗布的褡褳，褡褳的右首褲帶上串着兩只黃澄澄的嶄新金戒子。白底藍人字的布褲帶也是簇新的，平板結實得足以勒破人的皮膚。

「嘖，嘖，新的，眞好看。什麼時候買的，也沒聽你說起！」

長春小心地從褲帶上拿下金戒，把牠們擺在左手掌心上。「老爺去富順時，我請他買的。富順銀樓店裡的金子，成色好，兩隻一共是六錢。太太叫老爺給我添了一點。」說着，瞅了小梅一眼。「小梅，一隻送你。」

「我不要！」小梅扭了一下身子。「一對好好兒的，你藏着。」

「你收一隻，我收一隻；有一天，再配成一對，好不好？小梅，我的心，你還不知道？我在這兒無親無戚，你也是無親無戚。你對我的好處，我全記着。以後，老爺太太回江南去，我也跟着你去，依你話，到上海，好好兒去闖天下，那時候……」

「你說得這樣遠，幹嗎？」

「不會遠的。那時候，我要你做件大紅緞襖……」

「哎，」小梅嬌羞地一瞪眼。「還以爲你不會說話，今天的話竟然這樣多！好啦，我收你一隻金戒，這件事，你可千萬不能讓別人知道。你待我的好處，我也全記着……」

長春懇摯地把那只代表他心意的金戒子放到小梅手上。他那粗厚的大手，突然捏住了小梅的手，喃喃着：「小梅，小梅，你眞好看。有一天，我和你兩人……」

小梅掙脫了他的手，跑回房裡，倒在床上，偎着湖綠平緞，偎着澄黃金戒，偎着熾熱的愛與美麗的夢。細碎的樂音來自遠方，載着她飄浮、飄浮；載着她飄過幾千里的長江，回到叢山峻嶺間的嵊縣。那兒，有她自己的老家，小茅屋搭在山脚邊，種一塊梯田，養一群大白鵝。她每天帶着弟弟趕着鵝群去吃草。夏天裡，從荆棘叢中採摘紅似櫻桃的野草莓。白亮柔軟的毛巾草嚼在嘴裡好舒服；拔一把官司草，跟弟弟倆坐着玩上半天……吃的雖是粗茶淡飯，倒也逍遙自在，要不是爹得了急病死去的話……細碎的音樂從心中昇起：有一天，長春時來運轉，她跟他，把娘和弟弟接來同住……她站起來，把緞子摺好，放在一口小櫃子裡，又拿了三根紮辮子用的紅絨線，把牠編成一根，串上金戒，掛在胸前。牠可不能給放在小櫃子裡，這小櫃放着她和友群兩人的東西，友群有時會亂翻亂找，把牠搞丟了，怎麼辦？

自此，長春做事就更加勤快了，小梅跟他在一起時，他也會說東道西了。他的故事是血淋淋的：軍閥是閻王，平頭小百姓怎樣受苦受罪。他親眼看見一個偷了馬的賊，早上才給抓進去，下午，他的鮮血却已染紅了一大塊沙灘。他也看見過給他們定了罪的人怎樣給剝皮，用滾燙的漿糊，把厚厚的桑皮紙一層層地貼在晒得浮腫的赤裸身子上，桑皮紙乾了，又把牠一條一條地撕下來，一條紙，就是一條肉，尖嚎聲直釘入人們的夢裡。小梅聽着，吓得牙齒打抖，抓住他的胳臂，躲在他的胸前，然後喘息地說：「還是回江南去，長春哥，還是回江南去！」可是，長春在送友群上學或接友群回家的路上，他却不敢對友群提到這種事，怕吓壞了他。友群有時跟他說到小梅，長春的臉上老會掛起閃亮的笑，友群也總非常高興；回家時，他會湊着小梅的耳朵，說：「梅姊，長春哥說到你就笑，一定是你留着好吃的東西給他吃。」小梅慌忙分辯：「少爺，別胡說，太太聽了這話，可要罵我了。他也不是十來歲的娃兒，嘴這樣饞！」「那末，他爲什麽要笑呢？」小梅說：「誰知道？你問我，還不如問他的好。」心裡暗暗地抱怨：長春哥眞是，他在口頭上，不會避一避嫌疑？少爺不懂事，要是讓太太知道了呢，麻煩多着。

但小梅去大安寨的日子畢竟在慢慢地減少，因爲春花對于梳頭，已然約略窺見了一些門徑。那天，小梅上山時，許太太的起坐間裡正坐着江易治。小梅喚了一聲：「江老爺，您好！」江易治挺和氣地說：「你倒又來了，你家老爺、太太好吧？」

小梅梳頭時，江易治坐在遠遠的一角，抽着煙。許太太怕冷落他，就提高聲音說：

「易治，最近去哪兒走走，好久沒來我這兒了！」

「很少出去，祇是前幾天在外面進了一批銀耳，買來後，却又有點兒懊悔。最近又不想去上海，怕日子一久，壞了，所以祇好叫佣人在大天井裡晒一晒。」停了停，又說：「我倒很想把上海帶來的一批首飾脫手，不知道文太太要不要？」

「文太太千里而來，不會帶多少錢的，我勸你，還是留着的好。」

待梳好了頭，許太太便又坐到江易治的身邊去，輕輕地跟他商量：「我倒很想邀她到刺霸忝的黃家花園去玩玩，你說好不好？」

「算是還禮？」

「也不能算是還禮，我已經送了一些東西給她，祇是大家聚聚，才顯得熱絡。」

「大姊，你倒也來這一套了。」

「不要說這種話了。你大姊快五十歲了，兒女都在成都、重慶，實在太冷清，而你又不常來。我倒實在喜歡文太太，簡直把她當作大妹子看待。昨天，你姊夫有事到鹽務稽核分所裡去，跟文科長談了一會，他人也挺好的。這麽一對十全十美的夫婦，眞叫人羡慕。」

江易治不由得笑了起來——笑大姊到底老了，看人祇看到一個表面。啊，可也不能怪大姊，範秀實在掩飾得好，幾乎瞞住了每一個人。她在這方面所下的工夫，得使他們的晤面還不致被人物議；留給他的，怕是他這一方面該怎樣掩飾了，半個月來，他們還找不到一個合理的、可以再次相見的機會。他希望他倆都在繁華的上海，住在華洋雜處的里弄裡，那末，客人的探訪，主人的外出，都不會引起別人的注意。

「瞧你，有時像孩子似地無根無由地笑，有時又像孩子似地無根無由地不高興。鎮上的人都豎起大拇指誇獎你，我看你，還是孩子脾氣！」許太太這番話帶着憐惜的成分。「說起來，你這樣的年紀，過這樣的生活，總不大好。大姊比你大十幾歲，父母又過世了，照理，有些事，也可以替你做個主，但是，你却又是這樣的騾子脾氣，使我也不敢揷一脚。」

「好，好，又說起這些事情來了！我不願在自流井久住，就是怕這一點，以後，我要一輩子住在上海。」自覺語氣太嚴肅了，一等說完，就向大姊扮了個鬼臉。「好大姊，我們不談這些，說說眼前的事情吧。你剛才說什麼啊？」

「邀文太太遊黃家花園，你說好不好？否則，上富順去，可是單程九十里路，却又太遠了。」

「而且，也沒有什麼可看的，大姊，還是黃家花園的好。」

「你去不去？」

江易治故意沉吟了一下。「看情形再說。」哎，這句話是範秀跟他分別時說的。無奈與期待！她的熱情裡帶着一種耐人尋味的幽冷，彷彿火井，只靠一根燃着了的火柴，就能冒出火來。多少次，他的思想穿過屋宇，擁抱着她。羨慕每一個能够接近她的人，祇因爲自己沒能看到她。「看情形再說，」他再次地說，偷偷的瞅着大姊。他知道大姊並不滿意于他的答覆——他要的正是她的不滿意。我的這位需要戴上老花眼鏡才能摸牌的姊姊呀，你連你自己的弟弟都看不清楚了！他不知道怎麼又想笑了？但笑意却被緊抿的嘴唇彎住，古怪地留下一些殘痕，歪曲了他內心的情緒，勾出了他不滿的神態。

還是做姊姊的對一向高傲的弟弟讓了步。她用多肉的手拍拍易治的肩：「我不過隨便問問，當然要隨你的便，要你有空，要你高興。其實，你的朋友比你姊夫的多，祇要你有心去走，怕沒有地方去？我們女人家總是婆婆媽媽的，跟我們一起出去，當然不會合你的意。」

江易治不再爭辯——到那一天，他的行動會替他說明的。

一封邀約信，照理得寫。江易治被托付了這個重任。心中默念着他想告訴她的甜言蜜語，祇是落在紙上又成了大姊的口吻：邀請文太太同遊，請她在星期六下午駕臨大安寨，第二天同去黃家花園。寥寥數語，意猶未盡，最後又擅自加上了一句話：「此信係囑舍弟易治代筆」，雖然拙劣之至，但到底「意透紙背」，暗示了他渴望着這次出遊。

小梅帶着這封信回來。文太太敏銳的眼睛一下子明白了信中的弦外之音。沒露出過分的喜悅，祇把這封信輕輕地向下班回家的丈夫一塞，讓他去決定——祇因爲知道他一定贊同她去，從而不着痕跡地卸除了自己的那份責任。

「你看，該怎樣？」文太太平靜地。

「當然該去。」文岳青看完了信，把牠還給她。「她是好意，千萬拒絕不得。何況，我是贊成你跟她走動走動的。」

「祇去看一個花園？」

「那個花園有二十幾畝大，是自、貢的首富黃和甫先生的避暑山莊，値得去看一看。範秀，老躱在家裡也不好，出去走走。」岳青反而是勸她了。

文太太又是平靜地點點頭，彷彿她對一切都沒有多大的興趣。退回臥室，她把信放進梳妝枱的抽屜裡，忍不住貼近鏡面，笑了。喂，你是誰？是範秀嗎？你這會兒怎麼笑得這麼稱心？你多久沒有展眉而笑了？在沒有跟易治見面之前，你的笑祇有你自己欣賞。喂，喂，你又笑了，我知道你這個笑的緣由——你輕易地瞞過了岳青。你是個撒謊大王？喂，喂，範秀，你爲我這句話而生氣，何必，我並不怪你呀！每過人都說過謊——岳青說謊在先。處在你現在的這種情形下，誰能不說謊？我原諒你了。喂，喂，喂，喂，範秀，注意我的話，一切還得小心呵！

文太太在第三天下午帶了四色食品，坐轎離家。沒帶友群，而範強也還未回家，她好輕鬆！前次在薄暮時分前去大安寨，迷霧圍在她的四周；今天，午後的陽光，如金似酒，陰雲在看不見的遠方。亮綠的溪水上，浮着兩片輕舟，幾排鷺鷥佇立在舷上，窺伺游魚；一下閃動，尖嘴巴啄破了水面，鑽出來時，嘴裡已啣了一條魚。轎子在前進，陽光在流動，白天的山路比晚上寬濶。她的身子在上昇、上昇，她是快樂的。

到了許家，被佣人迎到起坐間裡。她是完全不像那次的陌生樣兒子，沒坐下，就向裡喚：「許太太，我遵約來啦。」許秉實太太匆匆忙忙走出來，胖臉上的肉亂顫，使笑容也沒法安頓下來。「哎呀，終于來啦——不請不來！」他捏住文太太的手腕子，細細看她。好親熱呀！文太太說：「也不是不想來，一座大屋子，一出來就樣樣要關照清楚，我厭麻煩，說來也不就是懶！」笑了笑，溫溫柔柔的，眼光向四周一搜索，却看不出江易治正在屋裡的跡象。難道他還沒來？許太太又說話了：「我知道，你一定把家理得很好，哪個有你能幹：治內對外，都來得！」文太太自已說懶，許太太却偏要說她能幹！一句話，許太太對她的印象實在太好了。

黃昏之前，江易治走進屋來。他是步行上山的，臉上微微透着運動後的紅潤。他一眼看到文太太坐在那兒，渴念的嘴就顫慄起來。兩人微笑點頭，故意留下一段距離。易治在心裡說：多不容易見到你呀，分別後，多麼想念你！你，靜靜地坐在椅子上，你的心怕也跳動得像跑過一段長路吧？

許太太對于她弟弟的來到特別欣喜。這個沒有妻兒的弟弟，她是十分希望他能快樂的。她拉着他坐下，又像對待親人，又像對待客人。「易治，正在念着你，怕你不去遊玩了。多個伴兒，也好熱鬧點兒，你姊夫去成都了，也總要有個男人帶領。」

江易治一揚眉：「這樣說來，大姊不是邀我去玩，是要我去做嚮導！」

「易治，你怎麼說這種話了，文太太是客人！」

江易治響亮地哈哈大笑，在空間點燃起一串小鞭炮。「大姊就是這麼古板，我想文太太是知道我在說笑。我平日很少說話，今天一路走來，感到非常愉快，就覺得非說幾句話不可了。」

「唷，我知道，你會說話，倒不知道你還會說笑話。今天，你心裡高興，再好沒有，就煩你替我陪陪客人吧。」許太太認爲難得弟弟的興致這樣好，就讓他陪客人談一會，自已抽空去廚房裡看一下。

他們確是盼望許太太離開一會的，然而，當祗有他們兩人相對時，他們却又緊張起來。這不是一個十分安全的地方，他們該怎麼談呢？親密的話怕被突然闖進來的人聽見，而泛泛之談，對他們却已失掉意義。文太太的左手緊緊揑着手絹，搾出來的却是手心中的冷汗。

「你來得好早！」江易治終於說。

「想來就來了。」文太太的話，表面雖平淡，但細細體味，却能意會出她的熱切與深情。江易治感激地笑了笑。到底，她不是無知的人，看她說話有多含蓄。他點起一支煙，順手也遞給她一支。她撫弄了一下，把她放回原處。

「不試一試？」江易治說。

她搖搖頭，閉了一下眼睛，神情很美。江易治沉緬在她的眼神裡。那是一泓溪水，一汪湖泊，一條長河，映現出山明水秀。且趁一條小船去那兒盪漾。

文太太突然說：

「這陣子，你可出過門？」

「出去過，買進了一些藥材。」

「打算去上海？」

「本來這樣打算，我熬不住苦苦等待。這樣的日子太長。去一次上海，如果在瀘州、重慶、宜昌、漢口等地不要候船的話，那末，不消四十天就可以回來。但是我還是打消了這個主意。我一直在想為什麼我們不自動製造見面的機會？」

文太太又搖搖頭，意思是並不太容易。我們非親非戚，有什麼理由可以走動呢？

「你為什麼不常到這兒來？」江易治緊隨着問了一句。

這句問話可不容易回答。文太太想想還是拿起茶碗喝茶。事情並不如此單純，她不像易治那樣，可以無緣無故地往這兒跑。何況這兒人眼多，被人發覺的機會也多，讓自已的秘密留下一道缺口，總不是辦法。

晚飯很精緻，許太太怕她不敢吃辣，特地把辣味都除掉了，但江易治却霎着眼睛，打趣：

「文太太，你要學着吃辣啊，吃慣之後，才知道辣的才够味兒；菜餚中不加辣，就像人生中沒有愛情，太枯燥了。」

文太太說：「對呀，江先生，你說的正是你自已。請問你的菜中，哪一天可以加上辣味？」

許太太忍不住出聲笑了，笑聲停下，外面却有另一個人的笑聲在接替她的。大家正楞着，春花就帶着瘦太太走了進來，笑的尾音還留在她那多紋的嘴邊，話語也就如噴泉般地冒了出來：

「呀，兩位好啊，今天什麼風把兩位同時吹到山上來？今天，一定是好日子，秉實媳婦，你說對不對？下午，我站在門口，看到一頂轎子往這兒來，我就對她老子說，一定是文太太上山來了，她老子還不相信。我說，你不相信吧，我可不能失禮，要去看看文太太。我吃過飯，抹了嘴就來，把碗碟留給舒英去收拾，却不知道江先生也來了。哎，江先生，你理了髮，顯得眞年輕，就是三十歲的人，跟你比比，也要失色了。」

江易治趕忙划完了最後一口飯，置她的讚辭於不聞不問，站起來時，冷冷地說：

「許嬸，知道你現在要來，我們該早吃飯的，也好讓我們專心聽你的高論。」

瘦太太嘻嘻笑着：「我又不像你們讀過書、見過大場面的，有什麼高論？祇是大家都是熟人，話就多了些。她老子跟我說：舒英娘，你出去不要說話可不可以？天哪，要我裝啞吧，怎行？老實說，要不是我瞧得起的人，我也不願多費口舌、多耗精神哩。」

胖太太到底忠厚，趕緊說：

「百堅嬸，多謝你瞧得起我們，我們到外間去坐吧。你也難得來，還不同樣是客人？本來嘛，他們今天都來山上，哪有這麼巧，祇因我們明天要上黃家花園去。今晚在這兒聚齊，可要方便多了。」

文太太和江易治先一步離開飯廳，回到起坐間裡。兩人對看了一眼，互相告訴着對方：這一個難得的夜晚算是完了，瘦太太的話將把一池清水，搞成泥漿。她如風逐雲，簡直叫人沒法子躲避她。

「噯呀，這季節去黃家花園，眞太好啦。」瘦太太的聲音清晰地鑽過來，然後，她跟許秉實太太一同走了進來。「我前幾天不就這麼打算——多年不外出了，眞想帶着舒英去走走看看，但却湊不到伴兒。既然你們明天去，我們跟着你們一起去好了。」

許秉實太太「唔，唔」漫應着。她的寬厚，使她不想拒絕這一要求。在她的設想中，既然是出去遊玩，多兩個遊伴也沒關係。但當她看到易治時，便發覺他剛才的歡愉業已消失。他蹙眉向她遠望，無異是在作無聲的抗議。她向他撫慰地笑了笑。不料，突然，他却站起來，走到她面前說：

「大姊，我要回去了。」

「忘帶了什麼東西？」

「不是。我明天不想去了。」

瘦太太和胖太太相對愕然。文太太在一旁無可無不可地微笑着——事實上，她也祇能以微笑來掩飾自已的緊張。加上了瘦太太，這次出遊，已够乏味，如果少了一個易治，那將全然失去意義。易治的舉動，或許祇是一種要挾，但對木然無知的瘦太太，要挾或許祇會造成自我犧牲。無論如何，易治不會這樣失策的，她自已也不允許他這樣。她靜靜地瞅着他們三個，那種冷眼旁觀，祇是一種準備，在必要時，她也能一躍而起，爲易治助一臂之力的。

「爲什麼？是爲了我們要同去嗎？」半晌，瘦太太問，一副委曲乞憐的樣兒。

江易治的目光從每個人的臉上滑過來，停留在文太太的臉上，彷彿說：我怎麼辦？怎麼辦？然後又往回滑，停在瘦太太的臉上。他在猶疑，也在拖延作答的時間。他恨她的貪婪，更恨她的愚騃，沒有比貪婪與愚騃加在一起，更難應付的了。江易治一硬下心，毫不隱瞞地說：

「是的，祇要有你在那兒，那兒就够熱鬧了，又何必有我？」側臉對他的姊姊說：「叫佣人備轎，讓我下山去。」

「何必？」瘦太太攔住他。「明天，我儘量少說就是。既然來了，不要走吧！」

如此低聲下氣，要是江易治再堅持，那就是他的不近人情了。文太太感到與其等事情爆發時再把牠拉回來，倒毋寧這時開口。

她走過去，向每一個人笑笑。

「我想，江先生又在開玩笑了，今天，這是第二次玩笑。第一次，也揚說不去，可眞把我們吓壞了。」

江易治望着她，然後僞裝出一陣大笑。除了去，他想不出更好的收場辦法。範秀到底是聰明人，利用他剛才的笑話，來爲這件事情解圍。她的急切，表現在她的顫抖的笑容上。他能不爲她忍耐一點嗎？祇要能跟她在一起，把舒英母女撇在一邊吧，或許，在那個大花園裡，他儘可製造跟她單獨晤面的機會。

談話仍繼續下去，但歡樂中却覆蓋着陰影。他們把希望寄託在明天。

二

在濃霧還未散盡之前，兩頂轎子到了渡口。那兩頂轎子不是來自大安寨，而是從大街那方經由細沙路上趕來的。轎子停下，走出來的兩個人是岳青與範强。兩個人都穿得很整齊，祇是在那迅速地向着四周搜索的兩雙眼睛裡，有着他們的急切。船夫撐着篙子，使渡船靠近來，但他們並不急于過溪，祇問船夫說：「大安寨上的許秉實太太今晨過溪了沒有？」回答說是沒有，他們這才各把一口長氣吐到那粒粒的晨霧裡。

一長列騾子馱着鹽包，搖響着串串銅鈴，從霧中走向渡口下流停泊着木船的地方。文岳青抽起一支煙，讓煙圈跟白霧糾纏在一起，飄盪、消逝。鈴聲仍響着，漸輕、漸輕，溶入在一片鳥鳴聲裡。昨天範秀離家時，他在辦公，他實在是不想同去的。傍晚回家，第一次感到她不在家時屋子裡的冷清；友群的糾纏，範强跟他的談話，都驅散不了這份感覺。他懊悔着沒跟她同去，懊悔着平白地失去了可能增進兩人間的感情的機會。他把自已想去的意念告訴範强時，範强附和了他，說：「姊夫，我跟你同去。」他對範强爲他助陣的熱心，感到十分感激。

霧，終于散盡，大安寨上的房屋，被朝陽照耀着，把人字形屋脊染成了金灰色，大大的石塊砌成的短垣也是亮熠熠地。一頂被朝陽製造的巨大皇冠。當五頂轎子出現在山徑上時，文岳青、範强、轎夫和轎子已分批渡過溪去。

待後一列隊伍到達後，江易治和文太太首先趁上渡船，船夫掌着篙子，往上流斜撐過去。兩人對立着，手扶着旁邊的轎槓，江易治說：「我希望這不祇是隻渡船，而是一隻能揚帆遠航、駛向天涯海角的艉艎。」文太太笑了笑。「怕這是要你自已去造的。」流亮的眼神，在深深地凝視。這溪很濶，船將駛近中流，船夫正在用全副精神撐篙；他們儘可放心，沒有人能够聽到他們的談話。「我如果眞的造好了呢？」江易治認眞地問。「我願意坐上去。」文太太也認眞地回答。

渡船駛過溪心，船夫就掉轉船頭，讓船隨水流去，不一會，牠一絲不差地攏到了對岸的渡口。跨上岸，他們才注意到不遠的地方放着兩頂空轎子，一回頭，便看見範强跟岳青站在一株皂莢樹下，樹蔭遮着他們的臉，使他們沾上了神秘的色調。文太太頓時起了一股强烈的反感。岳青，從來不會這樣追隨過她，是範强跟他聯合起來監視她！這樣的出遊簡直是在叫她受罪嘛。

「大姊，我們在這兒等你。」範强喚她。

文太太走過去，臉上全無笑容。

「範强，是不是家裡出了什麽事？」

「不是，我們也想到黃家花園去看看。」

文岳青從樹蔭下來出來，他的臉紅紅地，有點尷尬。不管怎樣，他自己又做了一次儍瓜！他最近的思維總像一張有着破洞的網，常要漏掉一些。他不在昨天跟範秀說定，陪她前往，而却在今天這種場合下出現，這總不是什麼明智之舉。他來的眞正目的，祇是想讓範秀知道他在關懷她。當他碰見範秀時，他要溫溫存存地告訴她：他祇不過想陪陪她，想贖一贖十幾年來他不曾陪她去遊山玩水的前愆。可是，此刻，範秀的冷臉孔却凍住了他的原意。他倒不知說些什麼才好了。

然而，使他略感安慰的是：在範秀那張冷臉孔之外，還有一個微笑的男人的臉。他那麼儒雅地走過來，向文岳青伸出他的手：

「歡迎你一同去，文科長。我是江易治。」

「江——易——治！」文岳青吃驚了。多次談起過他，像談一個新聞人物。他的面貌祇是在自己的想像之中。他曾以爲他是浮俗而精明，而現在，站在溪畔的他，直比他還要倜儻瀟洒幾分哩。他此時對他的友善態度，正是他所最需要的，光這一點吧，江易治倒還不失是個可以膽肝相與的朋友。文岳青眞誠地握住了他的手：「謝謝你送我們的珍貴痰盂，江先生，我一直想跟你結識！」他仍仔細地看着江易治。他認爲他對江易治的有一點判斷可沒有錯：這樣的男人，不會喜歡像舒英那樣的女孩，他喜歡的是，具有卓越才智與不凡風儀的成熟女性。他不覺爲江易治担心，在這小鎭上，要找這樣的一個女人，那簡直猶似鑿得一對鴛鴦井，可遇而不可求。他斜眼看了一下範秀，再次爲自已慶幸有這麼一個妻子，也再次懊悔自已這些年來對她的冷漠。這種矛盾，使他重又體驗到十一年前、他失去那個法國出生的女孩子時的痛苦，而不同的則是，前次的痛苦是他雙親的固執所造成，而這次的痛苦，却是自已的固執所造成，因此，牠也就顯得更尖、更銳了。

「大姊和我，本就希望賢伉儷一起來的。我從嫂夫人那兒，知道你平日很忙，所以在這例假日，你更該出來走走。」

江易治說得得體極了。他也在不着痕跡地打量着岳青。岳青比他高，比他瘦，在洋機關裡做事，却穿了一襲長衫。人很穩健，但並不顯得生氣蓬勃，或許是不和諧的家庭生活使他這樣的吧。但看他瘦長的手指和豐潤的嘴唇，他不應該是個寡情的人。他把感情用到哪兒去了？文岳青呀，你可知道，那晚看到你在辦公室裡打五關的就是我江易治嗎？沒有那次的發現，就不會有日後的大膽；沒有你的冷酷，也就不會有我的熱情；沒有前因，不會有後果。你毋庸恨我，我也毋庸妒嫉你；我們不在別處碰面，而却在這溪畔邂逅，讓我們學學這流水，聽事情自然發展吧。

文岳青和江易治，眞是一見如故，竟在樹旁交談起來。範强因爲那天在鹽井邊跟江易治暗中衝突過，就不好意思地拉着文太太走得遠一點。

「大姊，怎麼江易治又跟你碰在一起了？你是不是又在搞什麼計劃了？」

文太太一挺眉。「範強，你說話得小心！大姊是怎麼樣的一個人，我總不至于巴望姊弟反目吧？」

範強也挺挺眉。「大姊，你別把我當娃兒哄。我不是近視眼，我看到那邊的渡船上正站着舒英！」

文太太無可奈何地搖頭笑笑。「範強，大姊倒沒有把你當做娃兒，倒是你自已的頭腦眞的簡單得像娃兒的了。你看到了舒英的母親沒有？」

「看到的。」

「是她一定要跟我們一起來，我們連推都推不掉。對你來說，今天倒幸虧舒英來了，機會要自已去找的呀，範強。」

範強沉吟了一下，覺得這話也有點道理。於是，文太太又說：「你多久沒看到舒英了？」

「好久了。有一次我從學校回來，上大安寨去，在她家的附近徘徊了一陣，但畢竟沒有勇氣走進她家裡去。後來，我第二次上山去，就聰明多了。我先讓上山的小梅捎個信去，叫舒英在一個約定的地方等我。」

文太太眨眨眼睛。「眞想不到你還有這本領。小梅並沒有把這件事告訴過我。」

「是我叫她不要說的。每個人不都想保有一點自已的秘密嗎？大姊，你說對不？」

文太太沒答腔，因爲渡船越來越近了。秘密？誰沒有過秘密？一些甜美的秘密是一宗財富；空暇時，打開來，看看牠，撫撫牠，滋潤了精神的飢渴。她不再因範强之愛上舒英而感到煩惱。不要把事情想得太遠，不要用各種尺度去衡量愛情。每個人都不相同，每個人之間都有距離，祗有在相愛時，兩人之間才沒有距離。

渡船靠了岸以後，舒英站在瘦太太的後面，朝着範强微笑。文太太過去，拉着許秉實太太的手，不好意思地：

「外子跟舍弟都來了，許太太。」

「那不更好！我是贊成人多的，這樣才熱鬧。」

瘦太太馬上接下去：「是呀，我也贊成人多的，知道今天文科長要來，我也應該叫她老子同來的。她老子總是這麼古板，不肯出來活動、活動。今天，她老子還說，你自已去吧，讓舒英留下來。」然後突然湊近文太太，小聲地：「其實，我爲什麼來，還不是爲了舒英，她老子的頭腦，像塊頑石，一竅不通！」

但無論怎樣，七頂轎子終于又起程了。每個坐在轎裡的人的心境都不一樣，出遊不過是一個藉口。在有人的場合裡，風景成了點綴。山上的梯田，有稜有角，綠油油的一塊塊，彷佛是顏色紙貼成的圖案。轎子出了山谷，是片較大的平原。轎子的速度更快了。半閉着眼睛的文太太，恍惚自已是坐在船中、騎在馬上，自已是到那完全陌生的新世界裡去。眼前，迎過來以及退後去的景物對她都沒有多大的意義。她忽然很想睡去，沉沉地睡個好覺。昨夜睡在許家的女客房裡，一夜都不安穩。臨睡前，跟江易治分別時，他輕輕地對她說：祝你有一夜好睡。但在他深深的眼神裡，希望的却還不止這一點。她急步走進客房裡，用背抵着關上的房門，撫着發紅的臉頰，喘着氣。然後，她躺到床上，但那對眼睛總是追隨着她，望着她的一舉一動。她讓頭蒙在被裡，那眼睛同樣鑽入被裡。她幾乎要發怒了。好，易治，假如你再這樣糾纏，那我們就一刀兩斷。但那眼睛仍深沉而帶笑意，一點也不退縮。在黑黑的被窩裡，牠們是尤其顯得光亮了。她癱瘓在那兒，一籌莫展，最後祗好哀求：易治，不要這樣，不要這樣，你說過，我們都是謹慎的人，不願讓人們蜚短流長，或許有一天……她已滿頭是汗，不得不從被窩裡鑽出頭來。她聽見在隔壁的男客房裡，易治在徘徊，在喝茶，當然也在抽煙。難道自已的一對眼睛也在對他窮追不捨？驀然，她想赤脚走下床來，隔着板壁告訴他，讓她跟他換回各人的眼睛吧，讓他們平靜地渡過這一晚。但她終于克制住自已不走下床來——惟恐後果會得更糟。她再不能聽到他的聲音，怕自已的最後一點理智會溶化在他的熱情裡。如果他說：好吧，讓我走進來，跟你的交換吧！她該怎麽辦？不行，不行，範秀，你寧可被他的眼睛追逐一晚，也不能讓他本人走進房間裡來！她直挺挺地躺在床上，在憊極中睡去……多不安穩的一晚！

她在半睡眠狀態中。轎子在前進，她在船中，她在馬上，她在自由自在地遨遊，在天之涯，在地之角。七頂轎子，轎子與轎子間隔着兩丈左右的距離。轎夫的脚步，雖是一種尺度，量出了路的遠近，但究竟量不出那無窮無盡的思維。平地的範圍又在縮小，路向一個山谷伸展，山使陸地顯得神秘。文太太猝地全然清醒，一道圍牆內的鮮麗的色澤刺入了她的眼簾。刺覇呑的黃家花園！她揉揉眼睛，把一臉的倦容摔到轎窗外面。在引她注目的地方，綠色的樹木、竹篁間有成排的屋宇，小巧的亭榭以及聳立的丘壑。遠處看來，像幅極妙的舞台佈景——但願，他們一行七個，不是擅長於在佈景前面演戲的人，文太太想，否則，這齣戲可就够瞧了。

在黃家花園裡，開始，大家都聚在寬敞的客室裡，舒坐一會，但無形中，仍分成了三個小組：江易治與文岳青，文太太、許秉賓太太與舒英，範強與瘦太太。文太太明白，這是一盤擺錯了的棋子。什麼時候，他們都會自動調整。但同時，她又認爲這一短暫的錯誤的安排也是當事人所樂意的，範強願意取悅舒英的母親，江易治願意跟文岳青建立起交情，而她自己，一方面固然不願意冷落這位好脾氣的胖太太，一方面也想對舒英有所了解。

「舒英，最近怎麼好久沒有到我家裡來了？」

「因爲我媽沒有去。」

「爲什麼你不自己一個人來？」

舒英閉了一下眼睛，突然顯得非常活潑可愛：

「文伯母，你喜歡我來看你？」

「當然，範強和友群也歡迎你來。我們家裡就是缺少一個女孩子。」

舒英高興地笑了，毫不掩飾地露出她那略嫌寬濶的門牙。「文伯母，我也喜歡自已一個人出來。」

「舒英是個好姑娘，很乖的姑娘，」胖太太說。「就是她娘把她管得太緊了。你瞧，文太太，這會兒不知令弟說了些什麼，逗得百堅嬸笑成這樣！」

瘦太太是缺少儀態的，大聲地說話，大聲地笑，但範強爲了舒英，却把一切都忍了下來。文太太知道弟弟的用心，就不免對他憐惜起來，凑着舒英耳語：「你喜歡範強？」舒英的臉，剎那間脹的緋紅。文太太更輕地：「你知道嗎，我也喜歡你！」她的確在喜歡舒英了，她也的確相信舒英不會變成像她母親那樣嘵舌的女人。

她又聽到了響亮的笑聲，這次却是來自岳青與易治這一組。文太太乘機走過去。她馬上接觸到易治亮而利的目光，把視線微微向右一拉，立即又接觸到丈夫那亮而利的目光。這兩對目光，在此時是如何地相同——同樣想拖住她坐在身旁。她想在江易治身邊坐下，但考慮了一下，還是在丈夫旁邊站下來，一手扶住椅背，問：

「瞧你們談得多高興呀，有什麼有趣的事，說出來大家聽聽！」

江易治說：

「也沒有什麼有趣的事。岳青兄說，這些年來，上海的繁榮一日千里，地皮漲得最厲害。美商業廣地產公司如今之所以擁有偌大的資產，不是在地皮上賺來的還有什麼？所以，我就說，我也要把鹽井賣掉，去上海買地皮，蓋些弄堂房子。岳青兄哈哈一笑，說我是開玩笑，這樣好的鹽井，哪肯賣掉？而且，哪個人肯一輩子住到異鄉去？」

文太太細細聽他，細細玩味——但也不由得怦然心驚。易治的話，雖以極其隨便的口吻說出，但她知道，他說這話，其實並不隨便。他果眞熬不住牽牽掛掛的想念嗎？現在就在各種不同的談話裡爲自已有意出賣鹽井舖下了路！在這兒自流井，不肖的敗家子才肯把鹽井賣掉！他如眞的把消息散佈出去，不知會引來多少人的指責！然而，他是準備心甘情願地承担下來。她望着他，又憶起了昨夜的眼神。可憐的易治，她要爲他的深情而流淚。

「江先生，我也跟外子的意見一樣，認爲你是開玩笑，你那些鴛鴦井嘛，即使稱他們是寶藏，也不爲過。你果眞想脫手，哪個人不搶着來買？」

「我第一個要買！」文岳青笑着說。

瘦太太這時插進來。「你們要買什麼便宜貨，讓我也搭一股！」

「我的鹽井！」江易治聲音響亮。「我的那些鹽井，給我惹來許多麻煩，我要把牠們賣掉，去買上海的地皮！」

江易治的態度太認眞了，瘦太太的削骨臉一下子僵住，胖太太的圓臉木然如一個粉糰。空氣如一塊夏日涼糕，似乎要借用一把刀來切割一下。最後，還是江易治用他自己的聲音把牠切開了：

「大家不必吃驚，我不過隨便談談。我要向大家道歉，此時此地，談這些生意經有失風雅，我們還是到外面去看看景緻吧。」

彷彿唯有依從了他的話，才可以打消他的那個出賣鹽井的念頭似的，大家儘快湧出客室。金紅建漆的曲折遊廊，堂皇富麗，悠然伸展，使遊客在不知不覺中放慢了脚步。文太太的前面是江易治。他有意無意地回頭向她一瞥，什麼也沒說，却什麼也在這不言中。

文太太感到煩惱，看來，這次的出遊勢將一無所獲。前面是一個圍着欄杆的大荷花池，但她對這已經失却興趣。她自己的祖傳老宅的大院子裡也有一個荷花池。在荷花盛開的夏日，讓弟弟拉住她的衣服，她自己踮起脚尖，就近剪下兩枝，插在花瓶裡，清香溢滿了小室。在荷花的花瓣裡，做一個綺麗的夢。多少年前的事了？少女的時代裡，一片一片的記憶，就是一片一片的花瓣，夾在書頁裡，一頁一頁地翻過去，又是一片……範强走過來。

「大姊，不要光坐在池邊的石櫈上，竹林邊的那座假山，怕更引人入勝哩。」他不管她高興不高興，拉着她就走，走了一段路，文太太看到前面就是江易治與舒英。範强的話也就明顯了。「大姊，舒英母親叫她跟江先生一同到別處走走，用意何在，我也不必說了。現在，你，大姊，你如眞的不反對我愛上舒英，那你就幫幫我的忙吧！」

「噢，這有什麼不可以？你就跟江先生說，我想跟他談談鹽井的事，讓你跟舒英一同去走吧。我先到假山那邊去。」

文太太開始折向假山。她的脚步立即輕捷起來。假山以巨石砌成，覆着青苔、細草，恰好給假山加上一層厚厚的綠漆。假山旁邊那株斜倚的老樹，傲視着比牠年輕的人們。深邃的洞，彷彿是條隧道，文太太低頭走了進去，才發覺裡面倒比洞口寬濶。雖然在建造時，有意東彎西拐，造成曲徑通幽的形勢，但路面平坦。巨石的縫隙間，有時滑進來絲絲的光亮，使人不致把頭撞到石壁上去。忽然，她驚悸于一把利鋸從洞頂劈下，再一看，原來是片薄薄的光板，切斷了深灰的空間。在這兩旁，還有兩只可供甜息的石櫈呢。文太太的喜悅在不斷地增加。這確是個設計別致的假山洞，掌一支臘燭來遊，光影交疊，將更增加詩意。在上海時，她曾去過一次南市的半淞園，那兒雖然也有假山，但却沒有這座假山那麽精巧而幽邃，再走過去，四周突然開敞。一張小石桌，四只小石櫈，靜待在那兒。石桌面上燭淚斑駁，誰在這兒下過棋？在原始人住的山洞中，過文明人的生活？多會享受呀！她不知自己該先遊完這山洞，還是該先坐下來等江易治；噢，休歇一會也好，依着那冰冷的石櫈、石桌，來驅散一些逐漸昇高的熱情。

文太太坐下不久，江易治就悄然地從山洞的另一入口走進來。煙頭的微光，使他的臉依稀可辨。他略一遲疑，就在對面的石櫈上坐下來。

「範秀，我們不能這樣下去。」

文太太祇望着他那灼灼的目光，什麼也沒說。

「即使是見見面吧，我們的周圍也有多少阻礙！」

「或許還是不見面的好。」

「你退縮了？」

「不。」

「那你爲什麼說這種話？」

「我怕你痛苦！」

「你自己呢？」

「唉，我本來就是一個陷在痛苦中的人，而你却不是。」

「我要把你從痛苦中拯救出來，我要把你的痛苦填滿，我要你快樂，我要我們在一起……」

江易治踩熄了煙蒂。他那壓低的呼喊更顯示出他的狂熱。他倏地站起，上半身向前傾，濕濕的熱氣呵到她的臉上。「你不願意？」

「總像是個夢。」

「不要懷疑，信心使我們產生勇氣。」

「你眞的要把鹽井賣掉？」

「是的，即使廉價出售，也在所不惜。我不是貪財如命的人。」他繞過桌子，站在她背後。他看不清楚她的臉，但他知道她的臉在那兒。他慢慢地、慢慢地彎下腰去，讓自己的臉頰貼着她的；好久，好久，都沒動一下。漸漸地，他感到一股溫熱的水潤濕了他的臉頰。

「範秀，你哭了？」

「是的。」

「難過嗎？」

「是的，我想，爲什麼我嫁的丈夫不是你！十一年來，我的生命都在白白地浪費。我幾乎不知道流淚，不知道歡笑。」

江易治沒開口，他希望用手捧住她的臉，吻乾她的淚來作爲回答，但他畢竟也把自己的熱情克制住了。他怕她走出假山去時失去了儀態，從而引起別人的懷疑。他直起身子，拍拍她的背。

「不要流淚了。有一天，你回憶起今天，會得高興大笑的。」

「你要走了？」

「這兒，難道是我們可以盡情暢談的地方？不要以爲這兒隱秘，牠却正是遊人們的必經之地哩。」

「我們比不上範强和舒英那樣幸福。」文太太不勝感慨。

「我們的愛情必得伴隨犧牲。」

「我們日後的快樂，一定也是加倍的。」

她拭着淚痕，聽他的步聲遠去……遠去……當她再次聽到步聽時，却是丈夫岳青的。

然而，現在，岳青的關懷或冷漠，對她又有什麼關係呢？

三

雖然沒有人把江易治要賣鹽井的消息傳開去，但對鹽井怦然心動的，却自有人在——範强就把這件事情緊記在心頭。他還暗自發出一封快信給他的父親，要求把自家在上海英租界新閘路的一塊地皮的道契掛號寄給他。他說他想拿那塊地皮換這兒的一口鹽井。父親的回信倒是來了——是寫給女兒範秀的——但却沒有道契，而且還把姊弟兩個訓斥了一番：在他看不到的異鄉，範强到底幹下了什麼糊塗事，竟把主意打到地皮上來？而身爲大姊的，竟也讓他胡作亂爲，不約束約束他！文太太收起信，沒跟範强提及。但，有一天，當江易治正式來訪問文岳青時，文太太倒把這封信對他們公開了。

「江先生，你瞧，我弟弟對於鹽井簡直是入迷了。」

「可是我始終想不出他爲什麼入迷？」

「他要滿足瘦太太的慾望。」

「瘦太太的慾望跟他有什麼牽連？」文岳青更其困惑了。

文太太輕聲說：「瘦太太的慾望，對她女兒舒英的婚姻有關。你們現在該清楚了吧？」

三個人的目光，如觸鬚一樣，相互一碰；隨後，文岳青便笑了。

「易治兄，你要賣掉鹽井，跟範强要買進鹽井，說穿了，都是爲了瘦太太。事情就有這麽有趣。但照我的意思，如果有誰能把範强跟舒英的婚事撮合成了，那你們就誰也不必交換財產了。」

「那倒不一定。至少，最近，我想把我半數的鹽井賣掉。」

「易治兄，你可不是說笑的呀。」

「當然不是說笑。我的財產，我自己可以作主，或許姊夫會干涉，可是，如果他眞的干涉我，那我乾脆就把鹽井賣給他！」易治把煙蒂熄了，想找痰盂，因爲沒有看到，還是把牠堆在煙灰缸裡。「文太太，你最好勸勸令弟，叫他丟了這個出賣地皮的念頭。我托大姊爲他向許大嬸提提看，說不定，她會憬然大悟：令弟才是她最稱心的乘龍快婿呢。這樣，可不皆大歡喜？」

「呵，你是一個多麽熱心的朋友，我替範强謝謝你。」文太太又敬了他一支煙。爲他點火的時候，她不敢看他的眼睛。呵，你是第二次來這兒！第一次是來看我，第二次是來看岳青，第三次或許要來看範强了。你一定正在掛念那對百靈鳥痰盂吧。放心，我好好地放在臥房裡，有一天，在我們的行李裡會給牠們留下一個地位的。有一天，看來，却不像是遙遠的一天，當你賣掉鹽井的時候……那些百靈鳥將會因我們而歌唱。

文太太這樣想着，覺得現在即使犧牲一些交談的機會，也不足惜。雖然小梅已經不上大安寨，但她還是親自下厨準備了一種精緻的點心——肉餡的葱油酥餅。小梅站在她旁邊幫忙，陣陣的粉香拂上她的臉。她這才發覺小梅那本來毫無粉飾的臉上也敷了粉。再一注意，她的那條油亮光滑的大辮子的末梢上還揷着一朵紙做的石榴花哩。她想，女孩兒家，到底是愛漂亮的。這一陣來，小梅老是往大安寨上跑，看到許太太的春花她們搽脂抹粉的，她竟也學來了這一套。可是，自已實在沒有送她粉呀、脂呀什麽的，說小梅是偸敷她的吧，這倒也是寃枉了她。再看她，這一兩個月來，雖然忙，人倒又長高、長結實了，衫褲穿在身上都繃鼓鼓的，尤其是胸部；該叫她做兩件緊身小馬夾穿穿才對。畢竟是用力的人，發育得快，看這樣子，再三、四年，總得讓小梅嫁人了。啊，想這些幹嗎？三、四年後的事，她管得到？

文太太微笑着，雖是初夏的天氣，在厨房的爐灶邊，熱得叫人流汗，但細細瑣瑣的事，常勾起她絲絲喜悅，牠們如陣陣涼風，把這熱氣吹散了。她一邊烙着酥餅，一邊說：

「小梅，天氣漸漸熱了，這次來川，因爲路遠，我們也沒帶什麽來。許多窗子都得配竹簾了，而且，你的衫褲也嫌小了。過幾天，我倒要自已上一次街，買些東西。」停了一停，又說：「我還要給你買些胭脂撲粉來。」

「太太，我有。」小梅馬上說。

「誰送給你的。」

小梅紅着臉，半天答不上來，終於吶吶地說：「舒英小姐送我的。」

「那沒關係，祇是以後誰送你什麼，最好跟我說一聲。你年紀也不小了，以後如有什麼男人送你東西，可千萬不能糊裡糊塗地收下來。」

小梅的頭垂得更低了，暗暗慶幸着長春此刻不在厨房裡，否則，他這鐵漢子，一張臉最藏不住心中的秘密，怕會把這件事情洩漏出來。啊，她能覺察出那只金戒指貼住她胸口的重量，幸而太太看不見。以後，她和長春，還得小心點兒。萬一被太太知道了，而太太又不贊成她跟長春要好，那又將怎麼辦？

「小梅，你記着我的話就是，這會兒呆着幹嗎？說做事嘛，實在沒有一個人有像長春那樣勤快的！」

小梅順勢懇求：「那末，太太，你去買布時，也剪一塊土布送他吧；這些日子，他眞幫了我不少的忙。」

「就送他一塊土布也好，反正値不了多少錢。」文太太說了，就在心裡打算，如果明天天氣好，就上街吧，先買好竹簾，放在店裡，回家後再叫長春去拿。這次不但要買些花布、土布送長春和小梅，還得買些白府綢，給友群和岳青做襯裡衫褲——忽然，一下悸動，明天，最好多買些衣料，給友群做一批大大小小的衣服，放在家裡，以後慢慢地穿。假如有一天自己眞的走了，最放心不下的還是友群。

「小梅，最近友群晚上睡覺乖不乖？」

「少爺最近倒是乖多了，晚上也不磨牙齒、說夢話。有時候，睡覺前，說要背一段書給我聽；有時候，又說要做小先生，教長春和我認字。這兩天更高興，因爲長春答應他，等放暑假，他要騎着馬，帶少爺去看鹽井。」說着，說着，小梅笑了。「少爺跟我們很好。」

文太太呆望着小梅說到友群時所流露出來的歡悅的神情。她早知道友群與小梅間那種似是姊弟的感情。她會爲此而怏怏過，感到在友群的心目中，自己的份量還不如小梅的——雖然，她清楚，造成母子間距離的這一責任，應該由她自己來承當。而現在，往日的不快，竟變成了安慰。感謝那嚴肅與冷漠吧，感謝那距離與隔閡吧，這些促使友群與小梅的融樂的主因，或許在將來，又會化作一層角膜，抵擋了友群失母的愴痛。

「祇要他乖就好，小梅，你要小心地照顧他。」

文太太烙好了葱油酥餅，回到客廳裡，聽見岳青與易治仍在談論鹽井與鹽稅方面的各種事情——她有一種想法，祇要你住在自流井，牠們將永遠是日常生活中的談話資料。

次日上午，她帶着小梅上街去。然而，要買的東西還未買全，街上却起了一陣騷動，大家傳說着，這兒的駐軍，因為鑒於前方吃緊，怕就要開拔，那時也許會發生搶刼、拉夫一類的事情。文太太聽了，吓得臉色發白。她來川還祇半年，雖沒碰到過這種事，却也聽到過不少次盤踞四川的軍閥的種種劣蹟。他們的那些懷着烟槍、滿面烟容的士兵，總是抱着一種「打勝仗毋寧吃敗仗」的心理。他們當兵的最大目的，祇是想什麼時候能洗掠一番，說他們也是軍人，委實是沾汚了「軍人」這兩個字，而造成他們似盜非盜、似兵非兵的主要關鍵，却是由於他們的頭兒全是一些無知、自私、貪婪而殘暴的人。

街上的店舖惟恐遭殃，都紛紛打了烊。在紊亂之後，又呈現一片蕭條與冷落。文太太就在這種情形下，匆匆趕回家裡，懊悔着今天去得眞太不湊巧了，又惦掛着正在上學的友群，終於，她吩咐長春騎馬先去東昇寺小學，趕快把友群接回來。長春牽着老福走出馬廐，小梅倒又不放心了。

「長春哥，你要小心，如果遠遠看到軍隊，你還得避一避，他們一點也惹不得的。以前，你不是說，那些官兵經過時，看到什麼泥手泥脚、短裝打扮的人，就會把他們胡亂抓去嗎？用麻繩把他們串在一起，逃也逃不了。」

「抓去了，也沒關係。」長春逗她。

「現在，我不許你說這種話，」小梅急了。「求求你，就是為我吧，也得小心點。」

「好，好，依你，什麼都依你！有一天——」長春湊着她，很輕很輕地說，「我會怕老婆。」不讓小梅舉手打他，他就急忙躍上馬背，如飛地馳去。

長春很快地把友群從學校裡接了來，但同時也帶來了確確鑿鑿的消息：駐軍快要開拔，軍隊出現在溪岸上。中午時，岳青沒有回來；起先，文太太以爲岳青是怕走這段路回家，就在所裡馬虎地吃了中飯，但午後消息傳來，溪岸上的川南鹽務稽核分所被其中一連官兵包圍了，所裡的所有員工，全給困在裡面。包圍的目的倒不是蓄意要加害什麼人，而是要借些路費——一萬塊銀元——動身。

文太太不覺又惶惶然起來，雖然他們要的不過是錢，但如目的不遂，他們那幾十根老爺毛瑟槍，打起仗來，儘管管不了什麼用，而要傷、斃那些個坐在辦公桌邊的人，倒是很容易的。不論她跟岳青的感情有多麼不洽，她現在却仍爲他的安危焦急，她又叫長春騎馬去打聽，回來時，長春向她報告，鹽務稽核分所裡的洋協理與華經理商談的結果，只肯拿出五千塊錢，但那邊却堅持要一萬，所以此刻還在僵持中，那個連長還揚言說：如果拿不到一萬銀元，他們準備包圍牠三天三夜。

情勢非常嚴重，而在圍外的人，似乎祇有憂灼的份兒，而且，文太太住在山上，跟別家隔着一大段路，連找個可以商量的人都沒有。

挨到了下午三、四點鐘，一個聽差送來了文岳青的一張條子，而且後面還跟着一頂空轎子。

範秀：諒你已悉此間被困事，希即坐轎前赴江府，與易治兄接洽。聞渠與該連連長張國棟爲舊交，請渠鼎力設法，斡旋營救。如易治兄不在，可上大安寨許府。　岳青。即刻。

文太太的心都亂了。這個時候，女人們往家裡躲都還嫌來不及，她却還要出去。雖然對于那些有身份的女人，官兵們也不敢怎樣，但聽他們說幾句髒話，也已經叫你够受了。不過，這件事，不僅關係着岳青個人，也關係着整個的分所，她是不得不去冒一下險的。她換了一身紡綢衫、裙，匆匆上轎。開始，她是栖皇不安，慢慢地也就强自鎭靜下來，保持了她一貫的端莊。當看到江家的鐵柵門時，她已能從憂慮中提煉出一絲喜悅了——呀，她希望江易治眞能解除這一個圍。這樣，岳青固然能够安然返家，而易治也能因此贏得許多人的感激。

響響亮亮地敲開鐵柵門，讓轎子抬進去，大大方方地撩開轎簾，讓自己走出來。文太太雖然被傭人的訝然的目光所逼視，却不張皇失措。她之能够這樣，應該感謝那個喊得出口的堂皇的目的。今天，要是自己是爲私情而來，那麽，勢必又是閃閃躲躲的。一個人的心理，就有這麽微妙。

「文太太，你在這個時候來這兒！」易治在客廳門口迎她，皺着眉，毫不掩飾他的驚訝與輕謔——或許，這態度，在此時此刻，是最恰當不過的，既可以說他關切，也可以說他不歡迎她。

反正，文太太已經習慣于在人前不計較他的態度了。

「我有要緊事！」文太太說。江易治乘機叫佣人退出去。

「範秀？」

他站在她的面前，俯視着她；現在，他是溫存而誠摯。她突然感到鬆弛、軟弱而安慰，像個偷懶的孩子，毫不遲疑地想把肩上的這副重担推給他。

「噢，我幾乎焦灼了一天。」

「是的。」

「鹽務稽核分所被一連官兵圍住了。」

「是的，佣人已經告訴過我。」

「岳青要我來跟你商量。」

「噢，是他要你來的？」

「你不高興了？」

「不。」

「那爲什麼要這樣看着我？」

「我想知道，你對他跟對我之間的不同。」

文太太輕輕嘆息，一邊坐到椅上去。

「你何必思量這些，現在不是妒嫉的時候。」

「你說得對，其實我也並不妒嫉。你要跟我商量什麼，你儘管說。」

文太太把岳青寫給她的條子，遞給他看。「現在，一方討價一萬，一方還價五千，僵持不下，岳青希望你做個調人。你眞的認識那個連長張國棟嗎？」

江易治望着字條，沉思着。「呃，張國棟，這個名字好熟，噢，對了，我記起來了，他是從前我家一個馬夫的兒子，小時候跟着他老子住在我家。我那時也才十來歲，着實跟他好過一陣。你不要愁，我馬上寫信，叫佣人送去。」

「這麼簡單？」

「少爺的面子，還不够大？從前，他老子要打他屁股的時候，我曾爲他討過多少次的情！」

「你又在說笑了，你說笑老是不是時候。」

「的確不是說笑。這是我們兩人間的舊情。其實，話說回來，早知道他今天會幹出這種事情來，我那時才沒有那種好心腸哩。」停了停，又含蓄地：「不過，我今天的好心腸哪，以後，岳青兄也未必會領我的情！」

江易治的信果眞收到了預期的效果——連長張國棟買了他的面子，稽核分所祇拿出五千銀元，那一百多個官兵也就很快地散去了。文太太坐着轎子回家時，一路上都是那些趕着撤離的灰色老鴉。

她走進屋裡，看見岳青已坐在客廳裡。她想不到他回來得這樣快。他倆是夫妻，照情理說，她該怎樣表示激動、欣慰與關注，但她感到的祇是卸去責任後的平靜。

「我在江先生家裡多坐了一會，聽到了佣人帶回來的口信才走。」

「我也才到。」岳青說。

「你看來又倦又餓，你先洗個澡，我去替你做只你愛吃的菜。」

「隨便吃點也好，我看你也累了，範秀。」

「江先生的人很熱心。」

「是的。」

「張國棟總算也夠交情。」

「是的。」

文太太想不出還有什麼話好說。在岳青面前，話語全像水泡似地破滅了。話語沒有觸到核心，浮光掠影中見出兩人間感情的稀薄。

文岳青慢慢地站起來，顯得極其憊乏。文太太走過去，扶住他。

「去躺一會！」

「不。」

「去洗澡？」

「不！」

「想去哪兒？」

「去辦公廳。」

「還有什麽未了的事？」

「沒有。我寧可被困在那兒，想像着你的焦灼，想像着你見到我時的興奮；我不該這樣急急地回家的。」

文太太無話可答——對嗎？錯嗎？他祗說中了一半。她自己確曾焦灼過，但她的焦灼，却跟一個深愛丈夫的妻子的焦灼不同。她可以叫長春、小梅等來做證人，證明她剛才是如何地驚惶，然而，她這樣做，分明不是想獲取他的愛情。她之不願解釋這種誤會，正如她之不願消除兩人間的距離。他對她的不滿、以及她對他的不滿，最好大家默記在心裡。她仍扶着他，保持着一種文雅的冷靜，並且，由于他很累，所以幾乎是有點强制地攙着他走向臥室去的。

「這會兒發這種脾氣，何苦來？先去躺下歇歇。再說，我也不是沒有爲你奔波、設法，你說這種話，實在不必。」

岳青脫了淺灰色的熟羅長衫，祇剩下白紡綢衫褲。他倚在大床上，略略休歇一會，精神便恢復了不少。「我就是氣你既然替我奔波、設法，爲什麽我回來了，你又冷靜如常。就是一樣你所喜愛的東西吧，當你失而復得時，你也會喜形于色吧！」

「你倒好會挑剔！脫險回來，還要冒這樣大的無名火，既叫人想不透，也叫人傷心。」

「挑剔？我寧可自己是挑剔，是看錯了、想錯了。但我實在清楚你之這樣做，祇是在盡責任，而不含有什麽感情。」

「你這樣說，並沒有什麽根據。」

「以我自己的心理做根據。我坦白供認，以前我對你的一切，也是這樣，祇要盡了責任就算。」

「那末，既然這樣，我今天的事，你又何必說？」

「我知道以前我是錯了，我漸漸在改正了，我希望你也改正過來。」

文太太冷笑着。「你把我當作木偶耍。萬一有一天，你翻過來了，也要我跟着你翻，我可沒有你那麽好的精神。大家冷靜一點，我已經習慣于這種生活了。」

文岳青盯着她，驀地，他躍起來，把站在床邊的她，推到床上。兩人忽然在這張大床上翻滾着。文岳青到底用他剩餘的力氣，把文太太逼到了床角。他抓緊她的兩只手，貼近她的臉，問：

「你眞的愛不愛我？」

文太太閉上了眼睛。

「範秀，我們還有現在與將來，把錯誤的過去扔掉吧。」

文太太一聲不響。

「範秀，你說話呀，我不强逼你。」

「我們已經太遲了。」

「祇有這一句話？」

「是的。」

「好的，」他放開她的手，讓她爬出床外。「你關照小梅，替我準備洗澡水。」

文太太不得不拉直衣裙，攏好髮髻，但她的心却是意外地平靜。這時，她看見友群正瞪大着兩眼，站在房門邊。文太太撫撫他的頭髮，說：

「友群，乖乖地，到爸爸那兒去，跟他去親熱、親熱。」

三

山上。白天，樹枝間是一片不息的蟬鳴；晚上，草叢裡是一片不息的蟋蟀與紡織娘的叫聲。夏日，如一鍋沸騰的水，充滿了酷熱與喧鬧。

然而，在一片喧鬧與酷熱中，文家的大屋子裡，却仍保持着牠超然的清靜與冷陰。文太太仍是端肅而嫻雅，文岳青仍是和氣而寬厚。他們仍對坐進餐，友群坐在他們的一側；他們仍睡在一張床上，永遠是一張太過遼濶的床，沒有什麼可以使這張大床縮小。

友群依稀了然于雙親間的不睦，他不喜歡這種氣氛。他停留在母親身邊的時間越來越少，總是纏着小梅不放。即使是在星期日，他也不願在這大屋子裡享受這份清涼，而寧可頂着毒辣辣的烈陽，去屋外的山上嬉戲，挖土翻石地捉蟋蟀，拿着黏滿了蜘蛛絲的網去捕知了。玩膩了，就倚着銀杏樹的粗幹，望着老福吃草，然後從衣袋裡掏出一些小玩意兒，如：用胡桃核雕成的木魚、青田石刻成的猴子、紅珊瑚鐫成的葫蘆，玲瓏精緻，繫着紅綠的絲線，顯得分外可愛。他把牠們一字兒放在草地上，似乎隱約看到了江易治叔叔的笑容。他有時不厭其煩地回憶着：哪樣東西是哪天送給他的。他喜歡江叔叔，不單是因爲江叔叔每次來，都要送他一些玩意兒，更因爲他一來，屋子裡才有響亮的笑聲。爸爸最喜歡跟江叔叔談話，接連幾個鐘頭都不厭。媽媽坐在一邊也總是怡然微笑，連小梅和長春都喜歡江叔叔，因爲他總要償些小費給他們。他每隔五、六天，晚上總要來一次，這一陣，怕已來了四、五次了吧！

友群想着、想着，感到有點倦意，就在草地上躺下來。江叔叔還說，總有一天要帶他去看鹽井，長春從前也這麽說過。長春最近好忙。天氣熱，用水多，長春老是下山挑水，嘴裡喃喃地吁着氣，烏黑赤裸的上身，掛着雨點似的汗水，小梅看不過，拿條冷濕的線織毛巾替他拭去了背上和胸口的汗。長春還扮個鬼臉抱怨：「啊唷，好痛哇，你粗手粗脚的，下次可不要你的好心好意！」他不知道以後帶他去看鹽井的，究竟是江叔叔還是長春。他看着木魚、猴子、葫蘆……牠們在他眼前，漸漸地放大、模糊。

文太太找到友群時，友群睡得好甜，幾片鮮黃的掌形落葉蓋在他的胸上，代替了母親撫拍他的雙手。文太太有一點憐惜與痛疚。這孩子總有一點寂寞。他沒有得到他在這個年齡所應得到的一切。她輕輕地把他推醒了。

「友群，你倦了，爲什麽不到屋裡去睡？這樣，會招涼的。」

友群坐起來，惺忪中有些驚懼，看到母親臉色柔和，這才放下了心。他拉着母親看那些小東西。

「媽，剛才我在玩這些，全是江叔叔送我的。你看，排起來，多好看！」

文太太順勢坐在草地上，讓友群靠着她。她把這些小物件逐一的放在左掌上──剛好擺滿了一手掌，娘兒倆一同欣賞着。他們平日倒很少有這樣親密過。這些精緻的小東西，不但孩子痛愛，就連大人也喜歡。她的梳妝枱上最近就擺了一只象牙雕成的小船，也是江易治送他的。江易治每次來，總帶點禮物來，除送友群外，送岳青的是手杖、水晶圖章，送她的雖祗有這麼一只船，但卻已經够了。

或許是依戀這份依偎吧，母子倆在屋後的大樹下坐了好一會，待聽到步聲時，文太太才慌忙地站起來，撣撣裙子，及時恢復了儀態。小梅領着瘦太太走過來。

「哎呀，文太太，這棵銀杏樹眞好。妳在樹下乘凉，好會享福呀！」她拍了兩下手。她的讚美總是過分誇張的，聽來叫人起鷄皮疙瘩。

「我也是找友群才來這兒的。小梅眞不會招待客人，你來了，她該先來叫我的，怎麼好意思勞你的步！」

「是我自己喜歡來的。我們是熟朋友了，還講究這些做啥？要不是離得這麼遠，我三天兩頭的可以來玩！叫小梅拿兩把椅子來，我們就在這兒擺擺龍門陣也好，反正沒有別人。」

文太太知道她一坐又要很久，本想還是請她到客廳裡坐的好，但瘦太太的態度很堅決，要打消她的意念可不太容易，所以還是依從了她。小梅跟長春端來兩只籐椅、一只小几、兩杯茶，佈置好了，這兒倒儼然成了一個品茗乘凉的好地方。尤其是綠草地上散着翠黄透亮的葉子，彷彿腳下舖了一張綠底黄花的地毯，憑添一份雅致的情調。

瘦太太彎腰檢起一片樹葉，端詳了一會，然後感慨着：

「文太太，天下父母心，哪個父母不為自己的兒女操心？我即便轉彎抹角，也躲不過你的眼睛。文太太，我今天來，還不是為了舒丫頭的事！」

文太太尖起嘴，把浮在水面上的茶葉吹到一邊去。茶太燙，她沒有喝。她祇盼能夠躲開一下瘦太太的目光。文太太想，來了，來了，她會說：你範强看中了我的舒丫頭！你範强一年有多少進益？於是——你範强憑什麼資格？最後——希望她這張嘴不要駡人才好。然而，不管怎樣，她這會兒祇好先應付她。文太太敷上一層笑容，說：

「呃，對啦，今天舒英怎麼不來？舒英的事，我也老掛在心上。不過，江先生這個人，我早說過，不容易被人左右。我也祇能做到這個地步為止。」

瘦太太把那片掌形的樹葉壓在茶杯底下，竟出乎文太太的意外，顫動着滿臉的皺紋，笑了：

「文太太，今天我到府上來，就是想告訴你：這件事，最近倒有點眉目了。」

「噢？」

「最近江易治常到府上來，跟文科長攀下了交情。這些都是他大姊秉實媳婦告訴我的。他還在他大姊面前竭力稱讚舒英哩。哈！」

「你舒英本來是個好姑娘，既文靜，又好看。」

「文太太，你知道，要江易治稱讚一個姑娘，可不容易，除非他喜歡上了她！」

「噢，呃？」

「可是，他是要面子的人，以前頂撞過我，就不好意思直說，所以，這次讚過了舒英以後，他竟要他大姊替令弟範强作媒，嘿，他的心思也總算是巧極了。」

「呃，呃，這件事？」瘦太太的話如漫天煙霧，直把文太太搞昏了。

「唷，這件事到現在，不是一淸二楚了嗎？他祗是借題發揮罷了。口裡雖說爲的是令弟，心裡還不是爲自己？文太太，我不知有多高興，骨頭都輕了四兩！」

瘦太太咕嚕咕嚕地喝下了半杯熱茶，連茶葉都給吞下肚去。幸而，她的瘦臉不大出汗，否則，該是汗流滿面了。文太太一口茶也沒喝，祗望着她，呆住了。天下眞有這樣的人，硬把自己裹在自己的意念裡，而不去看別的。明明許秉實太太已經跟她說淸楚了，她竟又要把這事推進雲裡霧裡去。她剛才確有些担心，担心對方的語氣，而不是担心對方已經知道了這件事。範强既然愛上了舒英，她自己總希望他們的關係能够早趨明朗。對這一件事，她也不無歉疚，除了幾句忠告以外，她實在沒爲範强盡過什麽力，而今，面對着沉緬于自己幻想中的瘦太太，惟一能爲範强力爭的，也自然祗有她這個做姊姊的了。

然而，無疑地，說這種話需要高度的技巧。

文太太又吹着水面，但茶葉早已散成一片片，沉到杯底去。一片樹葉，飄下來，打了幾個迴旋，差點兒落到杯子裡。

文太太乘機說：「這些樹葉，眞像孩子一樣淘氣。許太太，你還記得吧？你舒英第一次來到我家，就在這樹邊跟範强、友群捉過迷藏。」

「對，對，那一天，我就注意到這棵銀杏樹眞不錯。」她側過身去，拍拍樹幹，彷彿牠是一個活人、一個孩子，她有義務去讚揚牠。

「他們年輕人，談得來，玩得攏，範强也老在我面前誇你舒英，舒英、範强跟江先生也很要好。」

「哎呀，有你這樣一位能幹的姊姊，哪有不能幹的弟弟？令弟嘛，也有什麽喜訊吧？」

文太太把自己的茶杯跟瘦太太的靠在一起，兩手交疊放在小几上。說吧，說吧，反正要有這麽一次的。「許太太，範强是老實人，別的女朋友倒一個也沒有。江易治先生或許比我眼尖心靈，他托他大姊跟你說的事，怕不是沒有來由的。」

「什麽？」

「範强哪，自不量力，看上了你的舒英啦。」

瘦太太從椅上跳起來，又重重地落下去，張大的嘴巴成了一只漏斗。「你，你……文太太……你太不够交情，我這麽鄭重其事地托你的，你倒手掌朝裡，幫起你弟弟來了。早知這樣，唉唉，我可錯把你當作知已了。」

文太太不得不笑着，心想，這個笑，是爲了範强；今天的低聲下氣，也全是爲了範强。把範强的婚姻安排好，正如把友群交付給小梅一樣，將使她安心不少。「許太太，也難怪你說這句話，但我是這兩天才知道的，要勸他也來不及了。」

「啊，啊，悔不該把舒英帶到這兒來！這次眞是抓鷄不到蝕把米了。要叫我的女兒嫁給一個連一口鹽井也沒有的下江人，我的面子要丢到哪兒去？啊，啊，說不定她老子還會說我自作孽呢。」

瘦太太這種無理可喻的瘋瘋癲癲的語調，文太太祗有把牠當作夢囈聽，眞的非要喝幾口苦澀的龍井茶、來壓抑一下不可。這樣下去，自己要不是被她激怒，就是被她惹笑，然而，這兩者，有教養的她，是不想輕易去觸動的。

「文太太，你怎麽淨是喝茶，也不想想辦法？你是想把什麽都推給我了？噯，我現在才想起來，你範強跟我舒丫頭在一起時，總是眉來眼去的，這死丫頭，也眞不要臉。或許江易治早就看在眼裡了，所以老是說不攏。」

文太太舉起茶杯，幌了幌。「許太太，我敬你一杯茶，你平平氣。這件事，我們都有責任；我看，最好你回去後，跟老爺子商量一下。要說鹽井嘛，我們娘家確是沒有，要說田地、店舖嘛，我娘家在江南倒有一點。至于範強，我做他大姊的，說他好，說他壞，都沒準。人長兩眼，馬生四蹄，好或壞，你也看得出來。許太太，我要說的話，盡在這兒了。」

瘦太太怔了一會，兩只瘦手，鷄爪似地彎曲着。她不作任何回答，就這樣顫巍巍地站了起來，向着山，向着天，向着雲，喃喃自語：

「連一口鹽井也沒有，這總太：：：丢：：：我的：：：面子了。」

文太太也跟着站起，看着山，看着天，看着雲……山是這麼崇高，天是這麼遼濶，雲是這麼輕逸。一個人，祇要向牠們學到一點點，也就不會斤斤于什麼名利了。

一四

「範强，近來，你又不快樂了？」

坐在椅子上的範强從窗口拉回目光，向跟他說話的大姊看了一眼，本想搖搖頭，但一想，這種否定並無什麼價値，也就乾脆什麼都不說了。

「這幾天，你老躲在屋裡，也不趁這暑假出去走走？」

「沒有什麼地方可去。」

「大安寨呢？」

聽說大安寨，範强不由自主地悸動了一下。那三個字，彷彿是三只球，接二連三地擊到他的胸上，受傷的不僅是表面，更是內臟。他驀地痛苦地揮揮手：「大姊，別提了！」

不問這句話，文太太也清楚範强苦悶的原因，範强太脆弱、太不穩定。他無法像她那樣，把喜悅與不快都深藏在心底。她憐惜他這一點，也羨慕他有這份自由。範强放假回家的那一天，他讓挑行李的長春先回家，可想而知，他自己是上大安寨去了。範强沒有見到舒英，却碰了瘦太太的釘子；事情大概是這樣。

「舒英的母親不讓你見舒英?」

「她把舒英看管起來了，還說，沒有鹽井的人，別上她家的門。大姊，你聽，從來，她看到我，總是和和氣氣的；這天，態度忽然變了。她似乎已經知道了我跟舒英的事。」

「當然知道了。她是舒英的母親，總有一天要知道的。」

範强看着她，非常特別地看着她；冷不妨，他躍了起來，叫：

「你告訴她的!你告訴她的——又是你搞的鬼!」

文太太不禁後退了兩步。跟範强，別的什麽都可以談，就是不能跟他談到舒英。話題還未展開，他就驟下結論；再沒有比這種談話更危險、更無味了。他的自卑感的萌生，是因爲有一個江易治的存在；他那一觸即發的憤怒，也祗由于他對前途的未能樂觀。然而這些，却使她做大姊的蒙受到不白之寃。

「範强，」看他還站着，文太太就坐下來。「我本來也想跟你談談這件事，就怕你發這種牛脾氣。你想，你能永遠瞞住她?我告訴她，祗想讓她作一個明智的決定，但她祗念念不忘于鹽井，我有什麽辦法?」

「反正，一句話，你說得不是時候，你也不跟我商量一下。這樁事，就栽在你的手裡。」

範强還是怨氣冲天，文太太倒眞想諷刺他一下；有本領，上大安寨擺威風去!繼而一想，還是免了吧。他已够可憐了，姊弟間何必再起爭執？但事實很明顯，如果他跟舒英最後還是無法結合，那末，範强和她之間的疙瘩，也將永遠存在。她竟又爲自己傷感起來。這次，她雖盡了力，但還是討不了好；看來，她在這屋子裡，仍將繼續孤獨下去。荒山、孤島，在她的眼前掠過，祗有江易治的愛才能領她走出那兒。她忽然又如此逼切地渴望能够看到江易治，渴望帶來一點未來生活的訊息。

「我看誰都被江易治迷住了。」範强又發牢騷了。「就看這屋子裡的人吧，每個人都誇獎他，不過，我可永遠不會對他有好感。」

薄暮，江易治以夏日散步者的姿態走進客廳裡來時，範强就從客廳退到自己的臥室裡。他那樣彰然的不友善態度，受窘的，不是江易治，而是做主人的文岳青。幸而，江易治並不吝惜他的笑聲。經過一陣笑浪的洗濯，海灘上的細沙是更其潔瑩悅目了。文岳青幾乎帶着感激之情，來對待這位朋友。他慢慢地相信他妻子最早爲江易治所下的評語：他是一個豪爽的人。

「易治兄，能結交像你這樣的一個朋友，眞是快事。可惜，你每次來，我們都沒有好好地招待你。」

「今晚，你們喝點酒，怎樣？」文太太說。

這主意不錯。兩人都附和了——江易治並沒有作一種虛僞的、客套的推辭，使文岳青更覺得他的平實與親切。桌子擺在天井裡。月色很好。夜，有一種朦朧的光，但在桌子的兩對角上，仍各放着一盞美孚燈。

「你們伉儷情深，常在月下對酌吧？」

江易治這句話，是故意問的，平淡中帶着些許殘酷的試探——岳青兄呀，你怎麼回答？你可以披着月色撒謊，使我看不清你臉上的表情，然而，一切却仍瞞不過我呀。你以後定會說我今日的卑鄙無恥，我呢，也會說你以前的愚蠢無知。如果我能把心中的意思說出來，那末，我定會告訴你：在將來，我不會失去月下跟範秀對酌的機會。

「內人不會喝酒。」

文岳青的回答很拙劣，江易治笑笑說：

「那末，從今晚起，文太太不妨學一點兒。文太太，何必在旁邊看着我們，也叫佣人拿杯、筷來吧。」

小梅又拿來了兩只酒杯、兩副筷子，文太太這才想起也該叫範强來共酌。於是，她又進去了一次，但範强却怎麼也不肯。她出來後，又叫岳青去勸他。

「易治，祇因爲你有鹽井，範强把你恨透了。」文太太說。「這一次，你大姊去替範强作媒，非但沒成功，反而被舒英的母親一口回絕了。那位瘦太太啊，眞是祇認鹽井不認人！」

江易治無能為力地搖搖頭，忽然，他輕輕地喚道：

「範秀！」

「……」

「我已經把在貢井的三口鹽井賣掉了。」

「噢！」文太太震駭了一下。江易治的決心不小。

「一共十四萬銀元成交，定洋五萬塊也交了。」

「怎麼這樣快？」

「快一點不好？我能永遠是你家的客人？」

「現在祇等我了？」

「可不是！」

岳青走了出來，範强還是沒有露面。江易治和文太太的談話也到此為止。他們開始慢慢地喝酒。文太太跟着他們也喝了兩杯大麯，混身燙呼呼的。心是火，手也是火。忽然，這火又化作一片煙霧，把她托起。哪兒去？哪兒去？她問自己。這是馬？是轎？還是船？我不願一個人走。於是，她聽到江易治的笑聲，看到江易治就在她的對面。她放了心。她笑了起來。

「範秀，你醉了！」文岳青說。

小梅攙着她去洗了個冷水臉，又給她喝了一杯濃茶。她又恢復了清醒。她仍囘到原位去，不再喝酒，祇吃着菜。她默默地、細細地思索着剛才江易治對她所說的話。祇等她了！那末，她該如何計劃？有一個最簡單的辦法：帶着一只提箱，跟易治私奔。但她却不願這樣招搖，她要找個藉口，把什麽都安頓好，大大方方地離開。即使岳青知道了眞相，也在半月一月之後了。

她又聽到了易治的笑聲。你笑吧，易治，我不會有負于你的，她想。

以後，文太太從容地準備着一切，她請裁縫給友群做了一大批衣服，她把一個家所應處理的一切事項，逐一而不着痕跡地告訴了小梅。她寫了一封信給父親，並再次要求他把道契寄來，因爲範强的確十分需要一個鹽井——或者把錢滙來也好。父親的囘信又來了，措詞却比前信更爲峻厲，並且還說，他已爲這件事氣得胃痛了，可能，還會生場大病哩。

文太太讀了一遍，又讀了一遍。父親，會爲她的幸福而安排下她和岳青的婚姻，却不知道，現在，他最該掛念的，仍是她的女兒呀。她這一次的出走，該會使他怎樣地激惱，然而，父親是讀過一點書的，從這次女兒失敗的婚姻上，也可以憬然于兩性間相愛的重要了。

她把信交給岳青，岳青看完信，說：

「你打算怎樣？」

文太太緩緩地說：「我想囘家去一趟。」

「一個人？」

「是的。」

「這麽遠？」

「是的，看來非去不可。」

「爲什麽？」

「跟父親面談範强的事，要比較詳細，也要比較能够獲得他的諒解。」

「還有呢？」

「旣然父親不舒服，似乎也該去探望一下。」

「還有呢？」

「沒有什麽。」

「我想，你這些都不過是藉口。」

「什麽？」文太太尖叫。

「你不用否認，你祗是不願跟我同住在這兒！」文岳靑說。「但我決不阻止你回家。我祗希望你仍回來。我們雖然並不眞正相愛，可是，這許多年來，在親友面前，我們可從來不曾透露過。你和我，都是有身份而且要面子的人。」

「祇這一點嗎？」文太太嘆了一口氣。她剛才幾乎爲他們的話吓昏了，如果事先讓他發覺了，不知道將會如何收場。

「而且，你應該找個伴兒。」文岳青抽着煙，走開去。然後，他看到了那對景泰藍痰盂。「看來易治兒倒可以幫這個忙。他好久不去上海了，最近或許又打算去。」看妻子一聲不響，他又走過來，站在她面前，望着她。「好，就這樣說定了，我會跟他接洽的，祇要看他的行期好了。」

岳青走後，文太太仍然站着、站着。鏡中的她，是個掛滿淚水的人。她從來不會這樣哭過；又喜又悲的感覺浸透了她。一只小船，慢慢地靠近來。她要去向遠方。她獲得一些，也得丟掉一些。她帶去一些屬于自己的東西，也帶去更多屬于她的懷念。友群會說：媽怎麼老是不回來？她病了？我要回江南去！無論如何，他總要吵鬧一些日子，然後慢慢地淡忘、淡忘。她自己却絕忘不了他；倚着易治的肩膀，一年一年地想着他又長大了，又長大了。或許他們會再來一個孩子，但她的心頭却仍會有着友群的影子，好像那死去的女兒友蘭，她永遠佔住她自己心的一角。

她想得很多。人還沒有走，思維就飄得這麼遠，這麼遠……她不該再想下去了。

一五

在自流井，江易治賣掉鹽井的事成了頭條新聞，大家互相傳播着。起初，人們多半嘖嘖地嘆息，然而，幾個稍有頭腦的人却認爲：能幹的江易治絕不至于幹出什麽對己不利的傻事來。他行動的後面一定還有他的計劃在。於是，人們又紛紛地猜測着他的計劃——擴大他的藥材生意？到上海去買地開店？或者用重金聘娶一個富家女？或者跟人合夥買艘江輪，行駛于長江沿岸……最後的結論是，反正有錢嘛，多做些事業不好？演變到此，大家忽然產生出一種新鮮的喜悅；兩只眼睛睜得大大的，渴望看看江易治的未來。

在大安寨，許秉實太太倒着實爲這件事難過了好一陣子。像這樣一件大事，易治事前竟沒跟她商量！雖然那天，在黃家花園裡，他曾透露過這一口風，但她總以爲他眞是說着玩玩的。現在，事情已經成了定局，他才走來告訴她：他把她這個大姊放在眼裡沒有？從這點看來，就別說要管他的婚事了。他呀，一年一年地這樣下去，幾時才想成家？

許秉實太太從易治出賣鹽井想到他的婚事迢迢，眼見他所做的，並不盡合己意，而自己又無能爲力，心裡眞是感到難過。面對着易治，眼睛一紅，竟簌簌地流下淚來。

江易治覺得歉疚，彎着腰，又是勸慰，又是解釋：

「大姊，你這樣難過做啥？這件事，我事先沒跟你說，當然是我的不對，但是如果我先跟你說，那你一定會百般阻撓，而我，却又非賣不可，結果不是更不痛快？」

「爲什麽非賣不可？你手頭的現款該還有三、五萬，做做藥材生意，不是足够了？」

「呀，大姊，這是你的看法。我呢，認爲可做的生意還多得很；手頭有了較多的現款，做起生意來，不是方便得多？反正，我還有三對鴛鴦井，留着沒動呢。以後，你會知道，我這樣做，是很對的。」

「你的打算總是這麽多，說穿了，還不是心太活。三十幾歲的人了，也該收一收心了。」

江易治哈哈地陪着笑臉。「大姊，祇這一次，下不爲例。這回賺了大錢，回家享福！」

「享福，誰服侍你？」

「佣人。」

「佣人？佣人才不及自己的媳婦體貼！要想享福，那就先得娶個媳婦。」

江易治又笑了，馴馴服服的笑，彷彿默認了許秉實太太的話。每次談到這件事，他可從來不曾這麽心平氣和過，也因這一點，許太太終于很快地原諒了他賣井的事。

江易治穩穩地坐下來，穩穩地笑着。這樣平靜的笑祇有出現在大年夜享受着天倫之樂的老太太的臉上——泛濫着滿足與幸福。啊，大姊，別為這抱怨我，請替我高興高興吧。我快有一個妻子了，我快要開始一種溫馨的家庭生活了。我的單身生活的確應該結束了，但你却怎麼也想不到你的弟婦會是範秀。你所喜歡的她，也正是我所深愛的。你不必責怪我。當然，許多人都會指摘我們，不過我們也管不了。大姊，我坐在這兒，恕我對你不能說實話；相反地，如果我能說、而你又不反對，那該多好！但這是可能的嗎？你靠近五十歲，我是三十二、三歲，十五、六年的歲月使我們的思想有了距離。即使範秀再好，跟了我以後，或許你也會批評她的不是了。我們是不可能住在這兒的。我們的家將在遠處。我們需要嶄新的環境。大姊，我在心裡向你說這些話，你自然無法聽見。雖然我去了之後還會回來，隔一、兩年來一次，一個人獨來獨往，探望你們，並料理一些財務上的事情。那留下來的三對鴛鴦井，以後到底該怎麼辦，我還不曾想得那麼遠，我祗願享受最靠近我的滿足與幸福！

姊弟倆靜靜地對坐着，毫無沉悶之感。那微笑，已然溶化了一切的不愉快。一種親切的諒解，如春草般地默默滋長。許太太的臉色，早已變得十分柔和了。

「這樣說來，你不久就要動身去上海？」

「是的，我這樣打算。」

「藥材呢？」

「進得差不多了。」

許太太點點下頷，顫動的是下巴上的浮鼓鼓的肉。平日，這部份的肉總像不堪重荷般地在搖幌，因此，她看來老似在點頭，在承諾這，在承諾那，把她的好脾氣越發顯示出來了。有時，她想，假如易治有她一半隨和，那該多好。她不敢在婚姻大事上勉强他，祗因爲她知道他是不會跟一個他所不中意的女人好好相處的。他跟他的前妻的感情到底怎樣呢？大概也祗是平平淡淡的，要不，他又怎麼捨得離開她，到上海去做生意？

「最近，聽說你老去文科長的家？」

「文科長爲人很好，跟他擺龍門陣最有趣。」

許太太希望他說的正是這句話，因爲她可以乘機勸他：

「可不是，你姐夫也這麼說。其實，夫妻間能够恩愛，那是兩個人的事。溫和、容忍、謙恕才是做人的道理。你跟文科長接觸多了，希望你也能够學學他。」

江易治俯首答應了。「當然，我現在不是學來了一些嗎？以後我要完全學他的樣，連娶一個媳婦也要像文太太一樣。」說着，又笑了。「而且，我不做好丈夫則已，如果決心要做，那一定比文科長還要好上一倍！」

「瞧你，又在銜毛壳兒了。」許太太也笑了。「但願你不要在文科長面前說這些話才好。」

江易治悠悠地抽起一支煙。他今天的這番話，雖是以玩笑的態度出之，但日後他的大姊如若對牠細加咀嚼，自也不難體味出他現在說這話的意思。他相信自己會是一個好丈夫，一個比文岳青要好上千百倍的丈夫，因為沒有這樣深濃的愛，他們是不敢貿然作這樣重大的犧牲的。愛與犧牲是孿生兄弟，分不開來的。他注視着自己噴出來的圈圈青煙，在那兒，他很容易地看到了一幅遠景。

「大姊，文太太最近可曾上山來看過你？」

「沒有。」

「那你怕還不知道吧。聽說，她最近也想回江南去探親哩。」

「噢，眞的？幸而你跟我說了。」她用左手敲敲左額。「這樣吧，在她回家之前，我想再請一次客。我不想請很多人，祇請他們兩夫婦和你。」

許府的請柬，到達文家時，文岳青和文太太都欣然答應了。兩人互望了一下，在一掠而過的眼波中，彼此都記起了第一次許府的晚宴。春日的晚上，散着薄寒，一對夫婦，却分在兩處，那天距離現在，雖不過幾個月工夫，但在回憶中，却像很遠很遠了。從一個寧願單獨在辦公室裡打五關的落寞者變為一個熱愛範秀而又渴望被她所愛的丈夫，這一變化，超過了十一年中的變化。範秀的冷然的拒絕，戳破了他費力吹大起來的汽球。他遭受的痛苦不能說不深。在這方面，事業可幫了他不少的忙，江易治的友誼也給了他不少的安慰。他無可奈何地冷藏起愛情，客觀地窺伺着範秀——在他眼中，她彷彿已是一只五彩的蝴蝶標本：她的心業被釘死，而他仍是如此地痛愛她，因爲她是他手下的犧牲者。

「今天，所裡的公事會不會太忙？」文太太說，覺察不出地微彎起她的右嘴角，心想，你是否仍要去玩你的撲克牌？你請便吧，現在，你去不去，在我都無所謂了。

「這一次，我决不失約。」文岳青說。「如果可能，我還希望早點下班。」

下午四點多，文太太又叫小梅梳頭。荷花色的紡綢衫上罩着雪白的披巾。屋後，夏日的晚霞燒紅了半座山，白披巾給映成了粉紅色，文太太白皙的臉蛋也給映成了粉紅色。到處都是淡淡的喜悅的紅。文太太例外地回過頭，對小梅說：

「今天的橫S髻梳得很好。」

「謝謝太太。」

「今晚，舅爺不去，我也不想帶友群去，你好好地照料他們，晚上的小菜還是不能馬虎。」

「是，太太。」

文太太還想吩咐些什麼，但鏡中却出現了文岳青。唔，他到底來了。今天可用不着等他了。穩穩健健的一個臉孔，此刻不帶任何的感情；看不出他歡樂，他憂悒，他愛，他恨。一大塊僞裝着的平靜支持着他。晚霞照樣映在他的臉上，紅艷艷地，像一個待上台的戲子的臉。她站起來時，兩人對望了一會，彷彿是陌路人，是戲台上的演員，是基于一種需要，才把他倆搭配成夫妻的。

文岳青跟文太太到達大安寮時，江易治已在那兒，他以半主半賓的身份接待着他們：跟文岳青熱烈地握手，跟文太太親切地點頭。文太太想，這是我來這兒的最後一次了，你知道我的依依不捨的感情嗎？我們第一次在這屋裡相聚，你對我的刮目相待，我一眼就看出來，但我却想不到僅此一面就如此改變了我們的一生。我們在這兒已不會超過五天了。我已整理好所有的東西：那對痰盂、那只帆船、友群的照片、少女時代留下來的那只油碟……許多細細瑣瑣的東西，是我所熟悉的、喜愛的。我愛的就是那些。對，現在，你跟岳青談談吧。雖然我並不愛他，但我此刻却有些可憐他。

許秉實先生說：「文科長，我早希望你能到舍下來。前次，你沒光臨，我們不知有多難過呢。」

「賢伉儷對我們實在太客氣了。」文岳青連連拱手。「等內子這次回來，我們也要好好地請請你們。」

大家把話題扯到這兩個行將遠行的人的身上。文太太說：

「事情眞巧，如果這次江先生不到上海去，岳青怕也不肯讓我一個人動身；多一個伴兒，對我們女人來說眞要安心多了。尤其是江先生這樣熱心。如果我有現款的話，這次，我也眞想帶些藥材到上海去，請江先生替我脫手！這樣，我來回的盤川，就有着落了。」大家聽她這些玩笑似的話，也就越發高興了。

岳青看着自己的妻子有說有笑；她在別人的面前，跟在他的面前，完全是兩個人。可憐的自己，可憐的她，難道以後漫長的數十年中，他們就祇能如此生活下去嗎？也許他和她都要比獨身的江易治更其不幸呢！

「範秀，我看哪，對易治兄的種種，我們不知該怎麼謝他，我一直認爲祇有介紹一個賢惠的姑娘給他，作爲報答。這次你回家，路過上海，到你親戚家裡去時，可別忘了這件大事呀！」

許太太馬上接上來：「文太太，這確確實實是件大事。易治哪，我看他祇佩服你！」

「哎，那可不敢當。姻緣前定，要我牽一下紅線，當然可以，但成功與否，還要看各人的緣份。」

許先生說：「文太太這話說得對，但我們總盼望文太太能鼎力撮合。」

文太太向江易治嫣然一笑，模樣兒就像姊姊對待弟弟那樣。喏，隨他們胡說八道去，祇要我們自己知道。每個人都爲你的婚姻煩心，但想不到你已穩穩地抓住了牠。

「今天，許百堅太太沒有來？」文太太忽然記起了瘦太太。她來了，嫌她一張嘴喋喋不休；她沒來，倒又覺得這大廳沒有以前那麽生氣盎然了。記掛她，或許祗因爲自己以後無法再看到她。她眞願再跟瘦太太談談範强的事。要自己的父親賣掉地皮來買鹽井，那幾乎是不可能的事，而她這次回江南，也不是眞的要去娘家。

「我想，我們都喜歡淸淸靜靜地談談，或許等一會，她又會來的。」

然而，文太太却失望了——瘦太太始終沒有來。她不願在應該出現的時候出現，顯然，文太太已經失却了利用的價値，而她對于範强的不滿，也可由此得到一個有力的證明。文太太雖在高興中，也不免要爲這對不幸的情侶扼腕感喟。以後，他們的事情，究會怎樣發展或結局，她已無法揣測了。

雖然似乎還有許多話要說，但文岳靑第二天畢竟還得按時上班，所以他們在十點以前就告辭了。上次的宴會是舖張、豪華，這次却是親切、融樂。文太太趁上轎時，囁嚅自語：「別了，許先生，許太太；別了，瘦太太，舒英；別了，大安寨。」祗有對江易治，她用不着說這種話。大安寨漸漸抛在背後的薄明的夏夜裡。到處是蛙鳴虫吟，到處是星星般的螢火虫；溪水，幽亮幽亮，近處的山巒，黝黑黝黑，細沙路則是一匹深灰的布。她忽然想起那鐫在文昌閣對面岩石上的四個大字「中流砥柱」在星光熠熠的夜裡是否還能分辨，但轎子前進得太快，她不及探首去看。

回到家裡，看見長春、小梅和友群借着一點星光，還在大天井裡乘涼、說故事。文太太說：「我們回來啦，你們也該去睡啦。」當走過友群的身邊時，她還摸摸友群那光溜溜的大腿。「有蚊子哩，小梅！」說了，就跟着文岳青一逕走向正屋去。

小梅站起來，說：「少爺，不早了，該去睡啦，明晚再聽長春哥說下去。」

友群賴在搖椅上不肯起來。長春說的正是三國演義中的趙雲救阿斗的故事。長春說這段書，逼眞極了，還不時站起來，模仿一下趙雲的馬上英姿。恍惚間，他本人就是千古相傳的長坂坡前的英雄。他那玄色的褂子敞開着，露出他那厚實的胸部。他的聲音低沉、寬厚，兩只眼睛在夏夜裡烏黑閃耀。其實，不僅是友群陶醉在他的神態與聲音裡，就連小梅也爲他入了迷。她穿着青色碎花的舊布衫褲，敞着領子，隱約露出那條繫在項間的紅毛線編成的繩子。她一點沒有沾着夏日的油膩，洗過澡後，兩條渾圓的胳臂像兩支玉色的藕，即令在微光下，也現出牠們的滑潤晶瑩。

「對啦，少爺，該睡啦，明天再說。三國演義的故事，長得很呢，也不是一天、兩天講得完的。」

「我不要。」友群固執着。「說不定明天他又不說了。長春哥，你早答應過我，帶我去看鹽井的，但是直到現在，還沒陪我去。」

「啊，啊，你的記性眞好，我早忘啦。」

「你才沒有忘。」

「我忙呀，少爺不是不知道。」

「我才不管，你今晚不說，我明天早上就要你陪我去。」

長春無可奈何地格格笑着，站起來，向小梅求救：「小梅，你幫我勸勸少爺，太太走後，我一空就馬上帶他去看鹽井。今晚眞的不能再說下去了。小梅，你比我會說話，小梅。」他捏住小梅的裸露的手臂，臉湊近小梅，熱氣癢癢地抓着她的頸頰。她不響，抬起頭來看他。他可是英雄？她心目中的英雄，除了他還有誰？將來，有一天，他騎着馬在跑馬廳裡揚威，多少人會爲他鼓掌！小梅望着長春，長春也望着她。在朦朧的夜裡，那兩對目光是如此地光亮，銳不可當地射到對方的心裡。長春的手又緊緊地捏了一下她的手臂，然後放鬆了。「小梅，你幫我說幾句話，我們今晚要早一點睡。」

「我不要，我就是不要！」友群說。

「小梅……」長春說。

「少爺，你不睡，我可要去睡了！你一個人摸黑走到房間裡來怕不怕？」小梅說。

友群沒答理，在搖椅裡不安地扭動了一下。

「對啦，小梅，你先去睡，等我說好了，少爺自己會摸黑回去的。不過，我也不敢太晚呢，少爺。你沒有看到過軍閥槍斃人吧?好好的活人，子彈打進去，頭一歪，就死了。你也沒有看到過他們剝皮吧?一條一條連着紙撕下來，最後，一個人就變成了一堆血淋淋的肉。別人都說枉死的人，陰魂不散，會變成寃鬼，晚上出來擾人……」

「不許你說鬼，」友群叫了起來。「不許你說!」

「這是眞人實事嘛。以前自流井的正街上也掛起過被斬下來的人頭，一雙眼睛還瞪着，呀，一雙眼睛好像還是活人的。」

「我不要聽。」友群恐懼地用手指堵住兩耳，環顧着四周的朦朧，彷彿許多東西的背後，都躲藏着長春所說的鬼怪，他忽的跳起來，抓住小梅的手:「梅姊，我跟你一起去睡。」

小梅走了幾步，長春驀地追上去喚她:「小梅!」小梅回過頭來，長春又低低地說:「小梅，我也去睡了。」

友群拉着小梅走進下房去，恐懼還停留在他的眼前。點燃了美孚燈，房間裡更增加了不少的陰影，一個陰影就是一個幻想的鬼怪。友群迅速地鑽進白底藍花的夏布帳子裡，還不肯讓小梅走開。

「梅姊，你陪着我。」

「我也要睡了。」

「求求你，梅姊，你坐在床邊，看我睡着了，你再去睡。我怕，我怕眞有鬼。」

小梅覺得好笑，也覺得焦急。長春不過是隨口吓吓他罷了，想叫他早點來睡。他知道孩子膽小，所以從來不肯跟他談神說鬼的，萬一吓出病來，誰担當得了？今晚，他說起這些，雖是他的急智，怕也不很妥當吧。她希望友群能安然入睡，否則，她又怎麽能够睡呢。她的眼前也有許多張臉，全是長春的，忠厚而誠摯，臉上那笨拙的嘴唇在喃喃：小梅，有一天我要買件大紅的緞襖給你。他送她的金戒子，整天貼住她的胸口。她能忘情于他嗎？

她替友群蓋上了薄被，拍拍他的手，說：「少爺，我依你話，坐着，你快閉上眼，好好地睡。等久了，我會支撑不住的。」

友群乖乖地闔上了眼皮，動也不動，惟恐自已一不乖，小梅就不肯陪着他了。開始，眼前是一片不穩定的黑暗，如暴風雨來臨前那濃厚的黑雲，汹湧、追逐。隨後，黑暗平靜如大海。他看見一只雪白的海鷗在海上低迴。繼之是無數只海鷗在海上低迴，猶如新年的夜空中亮着的點點煙火。隨後，牠們落下來、落下來，又是一片漆黑的大海。他拉着母親的手，趁上一條輪船，回江南老家去。船滑行着、滑行着，祗聽見呼呼的風聲。他拉住母親的手，平穩而安全……

他還是拉着母親的手，但突然間，他發覺他們趁的祗是渡船。船在海浪上顚簸。他拚命拉住母親的手。一個海浪打來，無數個海浪打來，船翻了，他們都落到海裡。他緊緊拉住母親的手，但母親那時猶如一座石像那樣地沉重，祇是往下沉，他感到恐懼，感到窒息，他掙扎着，呼喊着……陡然，他醒了過來，小梅已不在身邊，小櫃子上，一燈如豆，照出了幢幢的魅影。

「梅姊，梅姊！」他急促地嚷。

沒有回音，沒有回音，祇有搖晃的黑影。黑影的吃吃的、陰森的笑。

「梅姊！梅姊！」友群是益發地焦灼、懾懼了。他跳起來，赤脚跑到對面小梅的床邊，撩開帳門，想推醒她。帳子裡，被子好好兒地攤開着，平平癟癟的，像一張春蠶脫下來的皮。玄色土布的枕頭上，空空的，看不到小梅熟睡的臉。他猛然掀開棉被，哪兒有小梅？

友群的心狂跳着，黑影子一步一步地逼近來。他幾乎可以看到嵌在黑影子上的那對亮綠的眼，咧着的血紅大嘴。他霍地撚亮了美孚燈，黑影又退回去，躲在櫃呀、床呀、桌呀的後面或下面。「梅姊，梅姊！」他喊，但還是沒有回音。他的聲音抖得走了樣。小梅去哪兒了？是不是母親吃了酒菜不舒服，把她叫去了？還是被鬼抓去了？每天晚上，他要小便時，總是先喊醒小梅，從來她都是好好地睡在床上的，這使他覺得安全。今天，小梅是不是被寃鬼抓去了？此刻，那些寃鬼莫不是又要來抓他？黑影子又慢慢地近來，張牙舞爪地。友群衝到門口，房門虛掩着，並沒上門。他拉開房門，外面是張黑夜的網，緊緊地罩着。他一定得到母親那邊去，不然，他今晚就活不了。他牙齒打戰，但却異常勇敢地——鬼怪在後面追嗎？鬼怪在前面擋嗎？——跑過寂寂無人的大天井，跑過漆黑漫長的甬道，彷彿一個士兵在衝鋒、在陷陣。母親房間的窗口還透着一些鈍黃的燈光。他猛拍着窗格，喊：「媽，媽，媽，媽！」簡直是淒厲的叫聲。文太太還未入睡，一聽到，便走下床來，隔着窗口問：「友群，什麼事，半夜三更的來嚷嚷！」

「媽，快開門。媽，快開門，我要進來。」友群氣喘呼呼地說，恨不得母親馬上打開窗子，把他抱進去。他抓緊窗沿，不敢往回看。窗裡是鈍黃的光，是平安；窗外是什麼？媽，快來呀，媽，鬼要追過來了啊。他的利爪會扼死人的！快啊，快啊。他靠着窗檻下的板壁，癱瘓在那兒。多少日子過去了，多少年過去了。媽這麼慢，我快死了。

客廳門開了，穿着黑膠綢衫褲的文太太，掌着一盞美孚燈，走出來。友群還貼着板壁。他吓痲了。文太太走過去喚他，他才猝地轉過身子，抱住母親的腰，哭了起來。

「什麼事？到底什麼事，友群？小梅罵了你！」文太太感到孩子的身子在哆嗦。她彎下腰，藉着燈光，她看到被夏日炎陽晒得紅潤的臉已變成慘白色，無神的眼睛無力地半睜着，咧着的嘴在吃力地喘氣。

她感到難過，拉着友群，穿過客廳，回到臥室。可憐的孩子，他還沒有恢復過來。她讓他坐在椅上，慈愛地抹去了他額上的汗，又給他喝了半杯溫開水。

「友群，說呀，什麼事？」

「我醒來，找不到梅姊，很多鬼在追我，我怕！」

「小梅不在房裡？」

「是的，梅姊沒有睡在床上。不知道她到哪兒去了？媽，我怕極了，祇好跑到你這兒來。」

「你去睡覺的時候，她在不在？」

「我叫她陪着我，但等我做夢醒來，她就不在了，會不會被鬼抓去了？」

文太太皺着眉，搖搖頭。岳青在床上喚：「友群，不要怕，今晚就睡在爸的旁邊好了。明天一早，小梅一定又在廚房裡了。」

友群乖乖地爬到大床上去，但文太太却坐到椅上，沉思起來——小梅去哪兒了？

小梅到底去哪兒了？

現在已近十二點，她不可能再去乘涼的。

不安、憤怒，强烈地侵襲着文太太。最近，她因爲自己決定出走，而感到有些愧對友群。本能的母性使她不得不對兒子先作各種妥善的安排。這些天來，她曾多次地關照小梅要好好地照料友群，如此鄭重而詳盡，要是小梅能夠細如分辨，應該可以發覺那叮囑的話語裡含有懇求的成分。她對人從來不是這樣的，何況是對一個下人！然而，如今，言猶在耳，她竟會在午夜時分，撇下友群，去哪兒了？可憐的孩子，他嚇得像隻撲翅的蝴蝶。她做母親的如何受得了？如果今晚，她不好好地數說小梅一頓，以後，她的膽子怕不會越來越大？

「我去找小梅，友群，你好好地睡。」文太太說。

「何必，反正明天早上她總會露面的。」文岳青說。

然而，文太太還是拿着永備牌的三節手電筒出去了。岳青不知道她的心理；以後，他會知道今天她爲什麼非去找尋小梅不可的原因。今晚，從大安寨回來以後，他們並沒有馬上就寢。岳青彈煙灰時，他才發覺那對景泰藍痰盂已被收拾一新，擱在櫃子上。事情很明顯，她要把牠們帶走。于是。岳青就說話了：「範秀，假如你要把痰盂帶回家去，那簡直是愚蠢透頂了。易治兒從上海千辛萬苦地把牠們帶來，你又要把牠們帶回餘姚去！如果你想給老人家買些什麼，乾脆在上海停留一兩天好了。小古玩也好，補品也好，什麼都有，價廉物美，多方便！」然而，文太太還是說要隨身帶去。她列舉出很多理由：再去挑選，費精神啦；重買，多花錢啦……許多理由，文岳青都認爲不能成立，但文太太却堅持不讓，直到兩人都上了床，這問題還懸在那兒。美孚燈的光亮無奈地照着大床上兩個各據一方的人。床中央空盪盪地，宛如橫着一條河，誰也不敢挨近牠。

文太太亮着手電筒，一路走出來。圓形的光暈，乍明乍暗，游移不定；她的思想也是起伏多變、東竄西躍的。女兒友蘭的那場病，祗因爲淋了一場秋雨，吃了兩只柿子；後來她對柿子始終沒有了好感。小梅來她家時，是在一個凛冽的冬天。她的兩頰通紅，身子索索打抖，不知是因爲天冷，還是因爲心寒。在這一兩年中，小梅成長的速度，簡直令人不得不驚異。她以前曾數度聽人談到過了頭逃跑的事，但在人地兩疏的異鄉異地，這種事似乎又不可能發生在小梅的身上。然而，她到底去哪兒了？她打算一處一處地尋找，從小梅睡的下房找到廚房，再到雜物間，又回到天井來。如果再找不到小梅，那就祇得承認她已出走了。

文太太逐處叫喚，回答的祇有她自己的喚聲。于是，她在天井中央站下來，不知如何是好。岳青不會起來找尋的。如果發生在兩三個月之前，她自己或許也會就此作罷。她覺得此刻十分疲乏，腦袋沉重得猶如一顆熟透了的果子，快從枝上落下來。這大天井舖着一片微光，迷迷糊糊地，感到牠是要比白天寬濶得多。她並不喜歡這座大屋子。大屋子需要許多人去塡塞，才顯得熱鬧、愉快，而她的家有幾個人？倘若小梅這次逃跑了，她非得托長春趕快找個女佣來不可。倘若沒有逃跑，或許還得再請一個女佣來，比較安全。小梅髮辮上的榴紅紙花，是一個訊號，叫她做主人的提高警覺。

文太太又亮起手電筒，以自己爲軸心，向天井畫了一個圓圈；剛才乘涼時坐過的搖椅、櫈子，還放在天井旁邊的廊下，這麼安安靜靜地，好像還等待着人們去坐呢！她又用手電筒打了一個圓圈，畫出了一個大問號。問號的尾巴就停在一只木櫈子上——長春坐過的櫈子上。長春剛才的神態，忽然在她眼前重現：强壯而英武，邊說邊打手勢，露出他男性的魅力——對情竇初開的小梅，這些似乎已經足够。她又用手電筒打了一個圈子，那光，如一條帶子，一霎那串起了各色各樣的瑣事。長春的金戒子，小梅的胭脂撲粉，他們在廚房裡的無間的合作，那笑言笑語裡的淡淡的情意。她不怪長春喜歡小梅，也不怪小梅喜歡長春；小梅配長春，正是最合適的一對。她怪他們今夜的偷偷摸摸，撇下了友群，叫他吓成這樣；朦騙了她，讓她在半夜三更東找西尋。

她快步疾行，悄悄地穿過天井，走向門廊。馬廐閣樓的扶梯，在夜色中隱約可見。她小心地拾級而上，到了最上一級時，她才喊道：「長春，小梅在你這兒嗎？」雖然不是呵責，但話中的含義，却已够明顯的。

一陣騷動來自閣樓的裡面。床板的吱格聲譜出了裡面的慌亂情景。文太太的原意祇是想警告他們一下。如果長春出來向她求情，她也不會深究，祇要以後小梅能够好好地照顧友群就行。但是，裡面慌亂了一陣之後，連一聲回答也沒有。她的怨恨又回來了。她一推閣樓的門，門並沒有上閂，呀的一聲開了開來。她乾脆走了進去，把手電筒一亮，她看得出小小的閣樓中擠滿了東西：小櫃子、小板桌、一張掛着藍夏布帳子的床，中間祇留着一條狹狹的通路。

「長春，快走出來！」現在，她的聲音是峻厲的。她不敢用手電筒向帳子裡搜射。她是女人，她不願親眼目睹他們太親密的樣子。她站在漆黑的閣樓上，因氣惱和緊張而微微發抖。手電筒忽然脫手落在脚邊，她彎下身子去撿，就在這時，她按了一下撳鈕，光線筆直地射向床下。在亂七八糟的東西中，蜷曲着小梅的身子，淡黃的胴體一無遮攔地暴露在光暈下。文太太驚叫一聲，站起來就向外衝。

但文太太驚惶中忘記辨別方向，她不是衝向門邊，而是衝向閣樓的裡邊。閣樓向裡的一邊原沒有地板，她一脚踩空，身子也就沉重地摔落在馬廐的堅實實的泥土上。

一陣尖銳的疼痛撕裂着她的神經，然後是一片黑霧泛過來，把她團團地圍困在中間……

一六

文太太右腿骨摔傷的消息，第二天早上，就由文岳青告訴了江易治。那倒不是因爲文岳青心懷疑竇，故意想刺激江易治，而是由於這次事出意外，使他手足無措，更因身在異鄉，不知到哪兒去求治的好，所以要跟江易治商量一下。同時，他還想向他借個佣人，以供差遣，因爲那晚，長春跟小梅把昏迷過去的文太太移到客廳之後，兩個人就偷偷地整理了兩個小包，騎着老福逃走了。現在，文府上，多了一個受傷的人，却少了兩個佣人；家是整個地癱瘓了。

文岳青進去時，江易治才起身，看到文岳青氣急敗壞的神色，他第一個想到的念頭是：他和範秀間的事被文岳青發覺了，岳青是一早過來向他算帳的。可不是，除了這，還會有什麼事使他在淩晨趕到他的家裡來？他很想冷冷地對待岳青，但繼而一想，自己何犯先行表明態度？兵來將擋，且看他說些什麼。

「易治兄，糟了，出了事了！」文岳青一開口，就顯出他那異乎尋常的焦慮。

「出了什麼事？」江易治很平靜地問。

「範秀昨晚從馬廐的閣樓上跌了下來，闖禍的長春和小梅都漏夜逃走了。」

「眞的？」江易治猛地抓住了文岳青的胳臂。此刻，他的焦灼尤甚于文岳青，聲音忽然變得顫抖抖的：「她……她……嫂夫人傷勢怎樣？」

「昏迷了一陣，後來醒了，右腿不能動，像是摔斷了，現在，範强在照料她，家裡又沒有了佣人。而且，這兒，又比不得上海，沒有醫院，我不知到哪兒去請醫生，急得沒了主意，祗好一早走來跟你商量。」

江易治仍抓住文岳青的手，緊緊不放。不要讓她摔下去，不要讓她摔下去！他在心裡呼喊，被拉住的，彷彿就是範秀。不要摔下去，我們馬上要走了，什麽都準備好了，你要小心呀，小心呀，範秀……他從恍惚中清醒過來，面對着的祗是文岳青那注滿憂鬱的眼睛。「眞想不到，岳青兒。」江易治黯然地說。他自己的雙眼也該跟岳青的一樣吧。或許，跟前的岳青會驚奇於他之如此詫愕與哀傷，然而，他怎抑制得了？從另一方面說，如果此刻浮現在他臉上的是一副冷漠無情的神情，那或許會叫岳青更不好受呢。

「我這兒立刻派一個男佣到府上去幫忙，等會，再通知我大姊派一個丫頭去。」江易治終又恢復了平日的幹練，迅速地披上了棕色的印度綢長衫，扼要地把事情吩咐了佣人之後，又說：「岳青兄，現在我先要到府上去看看……嫂夫人。」

江易治叫了一個男佣跟在文岳青的轎子後面，自己却嫌轎子太慢，跨上馬，先走了。他爲人一直豪爽，他的急不及待，正表示他的熱誠逾人。文岳青看着他騎着馬急馳而去的背影，祇感到深深的感激與重重的歉疚。這些日子來，江易治給予他的好處太多，他自已將拿什麼去償還呢？

兩人的距離越來越遠。文岳青的轎子剛到正街，江易治的馬已經到了文家的屋前。他急遽地翻身下馬，把馬拴在木柱上，向門裡跑去；邊跑邊在心裡說：範秀，我來了；範秀，我來了。跑過天井、穿越甬道時，他突然放緩了脚步。他可不能這麼匆匆遽遽的。這樣了無掩飾的激情，無異是在自我宣布他們之間的不尋常。在這晦暗的甬道裡，好好地鎮靜一下吧。

江易治掏出手帕來拭汗；願那太顯明的憂灼也如汗水那樣，輕輕地被吸收到手帕裡。此刻，祇不過十來步路，他就可以走進客廳，看到受傷的範秀，然而，一停下步來，他的勇氣却在漸漸離開他。他靠着牆壁，幻想着這是夢，幻想着這是文岳青的惡作劇。昨晚，她不是還好好兒地跟他一起在大安寨嗎？範秀是謹愼的人，不該臨到這種事情的。無論如何，是不該臨到的。願這條幽暗的甬道是處祀神的地方，他要跪下，向神膜拜，祇求祂能告訴他，那不是眞的。他的兩腿像兩根晒在太陽下的麥牙糖，在慢慢地軟下去。客廳裡突然傳來了兩下呻吟聲。他的神經中樞驟地被戮了一下，全身驀地向上一跳。暗沉沉的甬道是條殘酷的路。他一定得走過去——去面對那慘痛的現實！他挺挺兩腿。他要堅强起來。不管範秀摔得怎樣，她是他的。他不知道他是怎樣走進客廳去的，範秀躺在臨時搭成的床上，範强、友群陪在旁邊。範秀的一張慘白的臉，露在桃紅面子的薄被外。範强看見他，點點頭。友群呆得像根木頭。他踉蹌地走過去，走到床邊。他告訴自己：範强在旁邊，友群在旁邊，你要小心，你要小心。他微顫地前傾着身子，黯然說：「你……你，怎麽摔下去了！」

文太太沒說話，眼睛一閉，成串成串的眼淚從眼角湧出。江易治雖帶着手帕，却不敢替她拭去。他自己也有眼淚，成串成串地向肚子裡流。他多希望能抱住她的頭，痛哭一場。他的右手費力地抓住薄被的一角。他不許牠輕舉妄動！「你……你……右腿……」他囁嚅着。她聽得見嗎？她聽得見的。他說的以及他沒說的，她全聽得見。她的眼淚仍如泉湧。她的眼淚說出了她心中要說的話：她的痛楚、她的哀傷、她的懊悔、她的憂慮……牠要比她的話更清晰。別哭了，範秀，一切會過去的。

文太太睜開眼來，微弱地對範强說：「現在，讓江先生來照顧我一會，你到廚房裡去弄點吃的，還有，燒些開水。友群跟着舅舅去幫幫忙。」

範强跟友群離開後，文太太的眼淚又來了。她睜着眼，毫無顧忌地讓牠們流向兩側。江易治說：「範秀，別哭了，哭了會使創口更痛的。等會我就上富順去請跌打損傷的郎中來。」

文太太擺擺頭：「痛算什麽，我怕要殘廢了。看到你，我更難過。我太慌張了，惹出這場禍事來。祇希望你不要太難過。」連說帶哼的，嘴唇抖得很厲害。

江易治望着她的嘴唇，聽了她那强忍着痛苦來勸慰他的話，便伏到床沿，像孩子似地，雙手搗着臉，嗚咽起來。殘廢了，殘廢了，她還是範秀。即令她給摔得滿臉疤痕，她也還是範秀。她愛的是她，愛她身上所有的美以及所有的醜。他突然聽到客廳外面有急促的步聲，他趕緊站起身子，抹去眼淚。文岳青栖栖皇皇地走進來。

「易治兄，你看怎樣？我們把範秀送到富順去呢，還是請郞中來這兒醫？如果在上海就好了，西醫有牛惠霖、牛惠生，中醫有石筱山，怕不『術』到傷『愈』？」

「我看還是請來的好。到富順去，路太遠了，病人會吃不消的。這兒的郞中，當然比不得上海的，手段到底怎樣……我也不能說在前頭。富順的一個接骨郞中，倒是很有名的。我馬上去請。錢多些無所謂，祗要能夠醫好就是。」

文岳青握住他的手：「易治兄，你這樣爲我奔波，我怎樣……」

「唉，這時候，說這種話，太見外了。我們兄弟情深，猶如一家人。我馬上就去。」

「騎馬去？」

「是的，一百八十里路，快一點，傍晚時分就可回來。」江易治轉過身去，又向着文太太：

「你，你好好地躺着——我這就去。不要動，千切不要動，也別心煩。我已經派佣人去大姊家，叫春花立刻來這兒，等會叫她熬些薄粥來吃。」文太太動一下頭，閉上眼睛。江易治轉過身去，用小碎步跑出客廳。他很想在甬道上甜一甜，但又催促着自己不能再躭擱一分鐘。早些去，就能早點把接骨醫生請回來。千切不能再拖延時間了。範秀的兩行淚，頓時變成了兩條鞭子，一鞭一鞭地抽着他，抽着他騎上馬，並叫他抽着馬，往富順奔去。

江易治去後，曾來過好多批探望文太太的客人：文岳青的幾位同事的太太、瘦太太和舒英、以及江易治的大姊胖太太。等到下午五點鐘，江易治帶着接骨郎中回來時，祇有胖太太還在文府。她看到江易治回來，拉着他說：「郎中請來了。可憐哪，她已哼了大半天了。痛，你想想看，多痛！」

江易治在大太陽下騎着馬，趕了兩百來里路，混身是汗，一聽這話，汗粒又化作針尖，刺着他的全身。他忍着痛，說：

「別說了，大姊，等會郎中湊接骨頭時，有多痛呢；可憐，叫她來受這種苦！」

兩人邊談邊領着郎中走到客廳去。把郎中介紹給文岳青後，江易治知道自己熬不住範秀哼痛聲的啃嚙，因而在郎中動手接骨之前，他就帶着友群出去了。太陽已快落山，大門外是一片陰影。他們並排在石階上坐下來。江易治和友群都呆呆地望着山下，望着望着，眼前一片迷糊。

「江叔叔，是我不好，我晚上不去叫媽，媽就不會摔下去。」友群說。這幾句話，他已經想了一天了。他的小心靈裡充滿了懊悔，但他知道事態嚴重，竟嚇得連哭都不敢哭。「江叔叔，媽會好起來嗎？」

「會的，會的，」江易治說，撫着他的小手。但，他的心却並不在旁邊的友群身上，他仍看到躺在客廳裡的範秀，她的劇痛，她的掙扎；她的一下一下的尖呼彷彿透過幢幢的屋宇，鑽入他的耳中，釘入他的心裡。他倏地緊緊地摟住友群，偎着他的臉頰：「友群，啊，友群！」友群整天沒人理他，這會兒得到這份慈愛，竟傷心得啜泣起來。

文太太的右腿骨的確折斷了，接骨郎中在她的右腿，上了夾板。那郎中說，兩三個月後，她雖可以走路，但仍免不了成爲一個瘸子。這正是文太太摔傷後大家所担心着的一件事；現在，郎中的話就更確定了這一點。

文太太已從客廳的臨時床舖上給移到臥室的大床上了。江易治每天來，但是，他却無法一個人逕自走到臥室裡去看她。他老在客廳裡走上幾圈，然後倚在房門邊。她的大床在臥室的深處，像一間深院大宅，他祇能看到床楣上那粉刷太平的庥姑獻壽一類的圖畫，却看不見裡面那暗沉沉的小天地。江易治問：「文太太，今天好了些嗎？」隔着那段距離，宛如打電話那樣吃力，却又担心着這電話是否打得通；那種無可奈何的焦切，不用說了。「啊，你又來了。」文太太的答話，一如來自一間緊閉的黑房中，跌跌撞撞地，好容易才到達他的耳邊，却已是有氣無力了。這不是辦法。於是，他去找友群，拉着他說：「我們一同看你媽媽去！」這樣，才走進臥室裡去，但他仍處處留意，不敢過於親近，祇站在大床的踏脚板的邊緣，探身看她。這次，文太太裹在橘黃綢面的夾被中，一下子變得嬰孩那樣纖弱與無助。她瞧見他，露出一絲笑意，笑得很慘，笑得像哭。江易治知道她又在難過了。他知道她一直在傷心。他該勸慰她；除了他，沒有別人能勸慰她。但當着友群，又不知從何說起。兩人互望了一會，話還是這麼兩句：「會好起來的，不要難過。」每天都要說一遍，連他自己都膩了。到後來，這幾個字竟變得硬綳綳的，似乎不是出自肺腑。他眞願牠們祇是幾粒小石子，他一氣，可以把牠們扔得遠遠的。幸而，範秀瞭解他。她說：「我知道你關心我，你每天來，也太累了。」

「我不累。我想，你一個人睡在這兒也太冷清。等過些日子，好一點了，可以擺一張躺椅在客廳裡，躺到那邊去。」文太太用右手食指在綢子上繪着小圓圈。「冷淸點也好，旣然這樣，總得熬，熬久了，也就慣了。一個人就是這樣。」江易治不安地看着她：「你不要想得太多了。」文太太笑着搖搖頭，又問：「你的藥材怎樣了？」

江易治在踏脚板上坐下來，身子却朝着床。他看見一隻景泰藍痰盂已被放在床沿邊，在文太太垂手可及的地方。他說：「這些你都不用担心，藥材多擱幾個月，沒關係。」文太太動了動嘴唇，却又不說話了。

江易治知道她有話要說。他們兩人總要說幾句別人聽不得的話的。他拍拍邊旁的友群，說：

「友群，江叔叔給你的那些小玩意兒，你統統去拿來，看看有沒有丢了一個？」友群走後，他就一躍而起，走到床邊，抓住她的一只手：「範秀，你有話，儘管說，悶在心裡怪難受的。」

文太太微笑着，微笑着，眼角有兩滴眼淚。「也沒什麼，你每天來，我過意不去。你看，這張大床，像座方方的城子，像幢堅牢的屋子，像間陰森的牢房。你是一只百靈鳥吧，不喜歡這樣的生活，想飛出去，但現在，你的腿斷了，翅也折了。」

「但是，我可以馱你、背你，範秀，我沒嫌你，你看得出來，你看得出來的！」

文太太的微笑更深了，淚也流得更多。「謝謝你，謝謝你，聽了你這話，我彷彿已經展着翅，跟着你遊遍天涯，够我在這兒囘味一生！」

「你？」

「不要詰問我。我雖是一只折翅的鳥，但還有腦子，還有愛心。牠縱不能跟那隻健壯的鳥雙宿雙飛，但牠的思想，却日日夜夜地環繞着牠。她明知他前面有遠洋，有大海，她豈能拖累他？」

「範秀，範秀，你不能這樣想。我是這樣的人嗎？我……你細細想想！」

「我已細細想過了。怕有人進來，你現在就囘去吧！」

江易治依舊每天來，但兩三次中，總祇能見到文太太一次。她很少說話，也不流淚，凄美的笑裡帶着一份離別的傷感。江易治站在踏脚板的邊緣，文太太垂下右手，摩挲着痰盂。江易治覺得自己是站在船舷邊，船在漸漸地駛開去。他雖然在向站在岸上的範秀聲嘶力竭地呼喊，但她已無法上來。她也決定不上來了。

他覺得視線模糊。範秀離他越來越遠。她向他揮着手、揮着手，漸漸地，她成爲一個小黑點，一個永遠留在他瞳仁中的小黑點。

他揉揉眼睛。友群在衣櫃旁邊玩，範秀躺在床上，看着他。她那炯犀的目光直貫他的心腑。他說：

「這些日子來，多承你費心，眞過意不去——藥材怎樣了？」她又問起藥材，也就是間接在探問他的上海之行怎樣了。

「我要廉價脫手，蝕一點無所謂。」

「何必？你以前不是一個人去的嗎？」

「唉，以前不同。」江易治說：「以前不同。」他狠命地重覆着，拋出一根錨，想要穩住那漸漸駛開去的船。「這次，大家都知道你要回江南探親，我非等你不可。」

「唉，這是摔傷以前的事，現在却不同了。」

江易治望着她，望着她。像她那樣纖弱的人竟有偌大的力氣把那根巨錨起出來。他還得再撒下一根嗎？再多，怕她也會把牠們拔出來。她有無比的潛力。在這一方面，或許參孫還不是她的對手哩。他自己是失敗了，他無法攻克她所堅守的陣地。一切準備，一切計劃，全是雲，全是霧。他望着她。她的眼皮有點紅腫，她背着人又哭過了；但經過眼淚的洗濯，愛，忽然化作了犧牲與忍受。她對他這樣殘酷，又這樣深情；他該怎樣說呢？

「啊，你！」他說，他想狂喊她的名字。他用拳頭抵住他那張大的嘴，用牙齒啃咬着牠，可能指背上已留下了一個個的牙印子，但那痛苦，又算得什麼？

「易治，」她極輕極輕地喚他，她的眼睛亮着微笑。她要把美留給他，好像那下山的太陽，要把晚霞撒滿天際，但牠却是這樣莊嚴而堅决地向人們告別。「再見了！再見！」

易治無法抗拒。他走下踏脚板，拉着友群走出臥室去。整個地面在搖幌、在波動。他眞在船上嗎？一個人無止境地飄流？每到一個碼頭，走上去，找他的空虛，找他的夢中的夢，找那對笑眼的最後的虹彩……………

他在客廳的椅上坐了一會。他知道範强在臥房中冷眼看他。新來的女佣爲他沏上了茶。「江老爺，太太好了些嗎？」

「是的，是的。」他不知自己在說什麼。他想起了鹽井絞盤上的粗篾索，永遠在呻吟，永遠受煎熬，鹽水管子上來了，鹽水給熬成了鹽粒，骰子似的一塊塊，然後運向各方。他要把兩顆井鹽雕成兩顆骰子都不可能；也許，已經雕刻好了，却又溶化了。

江易治雖在絕望中，還是每隔三天來一次，但文太太推說她要清靜，關照女佣說是不見客。如果他在晚上來到時，文岳青就會竭力勸她，說是江先生幫了他們不少的忙，她不能這樣沒有禮貌；但，文太太還是堅持已見，不肯跟江易治相見。

一天，下午，江易治又來了，落寞地在客廳裡轉了幾個圈子。友群走過來，喚他：「江叔叔！」說完，身子緊緊依着他。這孩子最近也孤單極了，獨個兒在屋裡、山上遊蕩。大屋裡的房間多，父親就買了一張床，在臥室隔壁另闢一間臥室，晚上，跟友群睡在一起。父親經過這次打擊，寬厚的笑容已不復見，所以他一看到江易治，就像看到了親人一樣；但江叔叔的笑容又飛到哪兒去了？

友群說：「江叔叔，待在這屋子裡，太難過了，你以前說過要帶我去看鹽井，到底什麼時候去？」

江易治沉吟了半天，看到範強正在他的臥室中看他，就拉着友群走過去，訕訕地說：「範強弟，你在用功？」

範强冷冷地回答：「我沒有腰纏萬貫，無法到處旅行，假期裡也就祇好閉門讀書了。」

江易治說：「趁年輕時候，多讀點書，也是好的，但身體也要緊，有空時，不妨到附近走走。友群要我帶他去看鹽井，我想，明天，我叫轎夫來接你們倆。」

「我？看過一次了，已經足够，謝謝，謝謝。」

「我知道，但這次是專爲友群去的。你看，他最近不也是怪可憐的，你就陪他走一趟吧。」

範强勉强得很。「其實，鹽井有什麽好看的？反正是木架，是鹽水，是大鐵鍋……毫無詩意。好，這次算是陪友群，去就去吧！」

第二天，一頂轎子把範强和友群接了去。江易治已經騎着馬在上橋等候。他緩緩前引，直到前次去過的那對鴛鴦井前才跳下馬來。

他跟範强、友群走進鹽井的短垣內，他彷彿是在夢中走路，但事實却是如此明顯。他和範秀不也到過這兒？那時候，前面雖橫着重重困難，但兩人都相信有勇氣去把牠們剷除。這些鹽井，雖然爲他賺了許多錢，爲他贏得許多名聲，但現在，錢和名聲，對他又有什麽用呢？一片白霧在大鍋上昇騰，一片藍雲在鍋底下竄躍，他抓不住牠們，抓住的祇是那份回憶。

上次，他祗陪着範秀在這兒約略地走了一週，今天，他却一樣一樣地指給範强與友群看，並且，還對鹽井的四址、附屬建築、產量以及工人的工資等詳加說明。江易治的臉總是朝着範强。範强突然感到江易治並不是陪着友群來玩兒，而是向他灌輸鹽井的知識。對于一個沒有能力購置鹽井的他，可不是一種諷刺？

「我想，我並不想對鹽井知道得這麽清楚。」範强說。

「你會需要的。」

「我？」

「是的，」江易治和善地微笑着。「在這兒，你要是希望娶個媳婦，那最好就得有份可靠的財產——鹽井，尤其是對于許舒英的母親！」

範强覺得受了奚落，頓時暴怒起來。「你，江先生，說話請留意一點，否則，我可以馬上就走！老實說，我對你沒有好感！」

「何必？大家本來住在長江的兩端，能够千里相遇，總是緣份。」江易治從長衫口袋裡掏出一只皮夾，抽出一張契約，塞給範强：「我決定把這對鴛鴦井送給你，這是契約。我爲了要把手續辦得一清二楚，還請了兩個中人畫了押。我這就算是給你和舒英的結婚賀禮。我提早送你，你可以把牠拿給舒英的母親看。」

「這……你這是什麼意思？這不是一對痰盂，我怎能接受下來？」

「那有什麼關係？錢是水，是那日夜流動不息的溪水。有人需要牠時，就走下石階去舀牠、挑牠，但不需要牠時，不也讓牠白白地流。你不要推却，推却也沒有用，我已經送定了。從此刻起，你就是這兒的主人。我知道，你也並不太愛錢，但你愛舒英，這就好了。我明天就要離開自流井，不必問我到哪兒去。我身邊有十幾萬塊錢，可以跑很多地方，可以過許多日子。我或許會回來，但什麽時候，我無法預測。我也不想到你姊夫、大姊那兒去辭行了，尤其是你的大姊，請你代我問好。叫她好好保重……保重……」

江易治不容範強有說話的餘地，就叫來了那個負責管理鹽井的以及那些工人。他把這位新主人介紹給他們，並且還叫他們以後要好好地聽新主人的話；說了，他便向大家揮揮手，躍上馬背，衝出短垣。範強跑到門邊，看見江易治瘋狂般地鞭馬疾馳，彷佛有人要追趕他。

一七

文太太孤煢煢地躺在大床上。她表面的鎮靜正是她內心的沸騰、煎熬的抑制。她垂下手，摸着那只景泰藍的痰盂，一陣既溫柔又辛酸的痛楚從手指尖直泛到心坎深處。成群的百靈鳥伴着她消度那凄寂的歲月。她自己要這樣。是的，是她自己，不是別人。躺在床上，無數的思想如鳥群似地啄着她。然而，在這個社會中，能夠躲開人們的耳目，偷偷地跟一個自己所愛的人戀愛一場，已是不幸中的幸運。她還能怨誰？

江易治走了，騎着馬，在濃霧的早上離去。即使躺在床上，她也看得見他在踽踽前進。濃霧淹漫着他，憂悒籠罩着他。他會回過頭來，向這方凝視。隔着那千層萬層的霧幕，他能看見她躺在床上，向他揮手。霧，隔開了他們的身子，却隔不開他們的心。依戀中，他一揮鞭子，馬，躍起蹄子，馳出那小小的山谷。

友群悄悄地溜進房間，走到床沿，輕輕地問：

「媽，你好了些嗎？」

她沒有回答，用右手摟住兒子的頭，還把自己的頭費力地彎向他。兩滴慈母的淚，滴落在他的臉上。

一九六四年民國五十三年完稿於台中潭子

後記

滿山滿谷的濃霧浸淫着早晨的自流井，而悠悠歲月所揚起的漫天塵沙，却也如此輕易地淹沒了牠過去的痕跡。人，生活在現在，對未來，懷着不少的希望，對過去，自也留有過多的懷念。經過迭次的變亂，四十年前的一切，離我們已是這麼遙遠，在我們「稍縱」之際，牠們就會如烟似雲地飄走，永遠、永遠。我寫「霧中的足跡」的動機，無非是想抓住那個時代的情景、人物、思想、衣飾……給那個時代留下一角剪影而已。

一個剛從奴役中擺脫出來的人，必會特別重視這份得來不易的自由；一個才由千百年封建傳統下獲得解放的女性，也必會特別維護愛情的尊嚴。文太太那份冷漠的倔强，不僅要想爲她自己保有這份自尊，同時也想爲曾受委曲的千千萬萬的姊妹保有這份自尊。因此，她憤然地對文岳青說出了這樣的話：「我們女人的快樂誰關心？一種無比的忍耐，別人稱之爲賢淑；在那種榮譽下安然度過一生，該也算是幸福與快樂……」文太太强烈地渴念愛情，所以，當她得不到她理想中的愛情時，她的心理便自然而然地有了變態——她彷彿終日被困在迷霧之中，江易治的愛無異是一縷射穿濃霧的陽光，好心的讀者們曾爲文岳青不平、爲文太太惋惜，希望我能讓他們倆「言歸于好」。我縱然有這個意念，却也無能爲力——因爲人與人之間的感情上的長久的隔膜，本是一片更濃更厚的霧，不是這麼容易消除的。說這是「霧」一文的另一主題，也不爲過。

我對該文的內容方面，或許已經說得太多。不過，我在這裡，還必需提出一點，就是：爲了要使書中各個人物不像木偶，而是活人，所以我用了較多的現代手法。在這裡，有一部份人，認爲現代小說是虛無飄渺、痴人說夢。對這，我一直有着不同的看法：即使是個正常的人，他也必有微妙的感情以及錯綜複雜、變動不居的心理；要抓住牠們，當然要比抓住一根樹枝來得困難，但這並不意味着「不可能」。所以如何去捕捉、揣摹、分析並適切地表達這份眞實存在的心理，就要看作者之是否願花功夫了。讀者對于我在這方面的嘗試，不但不以爲忤，反而備加獎飾，這是私心竊慰的。

我開始寫「霧」時，是去年新春初四，由于經常爲胃疾所擾，所以寫得很慢，也寫得很苦。但在「新副」連載期間，讀者們對牠的愛護，却已足夠彌補了我在這方面所受的痛苦而有餘。謝謝 童尙經先生對我的鼓勵與信任。你們，正跟「霧」中那些曾經深深地感動過我的人物一樣，將成爲永遠迴蕩在我心靈裡的響亮的鐘聲。

一九六五年民國五十四年一月寫於台中潭子

沉默的天堂鳥——童真

司馬中原

遠在十年前，我就從港臺各地的刊物上，經常讀到童眞的作品，最先從作品上認識了童眞。她的作品一向都有著特殊的風格，可以明顯看出她嚴肅的創作精神，因此我就在心裏想著有這樣一位朋友。

後來香港有位朋友寫信給我，提到過，在當代的文壇上，童眞的作品是相當有份量的。同時，在海外的一些雜誌上，我所撰稿的地方，童眞也在撰稿。這位朋友告訴我，童眞居住在南部的橋頭鎭，我卻一點也不知道。因爲在所有的文藝性集會上，很少見到她。

除了作品外，她的沉默是出乎尋常的，可以說很少參加文藝性的集會，當時由於潛沉於創作的關係，我所接觸的文壇上的朋友也非常少，在我所認識的朋友裏面都不認識童眞。又過了好幾年，我讀到童眞的作品愈多，對她的敬仰也愈深了。

五年前，文協南部分會，開年會的時候，我曾到會去找她，年會是在大貝湖開的。風和日麗的晴朗天，我們坐在湖心一個招待所裏談天。當時我就問一位朋友：

「哪位是童眞？」

「那位女士就是童眞。」那個朋友就笑指著我的對面說：

我發現當時童眞女士也正朝我微笑著。我立刻上前去告訴她，我對她的仰慕，她說著同樣的話，同時介紹了她的先生——對翻譯和理論都有很深造詣的陳森先生。他們夫婦都有著溫和有禮，誠懇熱情的氣質，使我非常傾慕。

在荒僻的南部地區，寫文章的朋友不多，在作品上互相切磋的朋友更少了。他們那時候住在橋頭鎮台糖宿舍區，距我的住處鳳山並不遠，所以我們有很多互相往還的機會。當時我寫作的環境差，不但孩子多，而且經濟窘困。童眞女士的寫作環境則非常的理想。他們寫作環境理想，也並不是在經濟上的，而是在於家庭的和睦和互諒互助，陳森兄很能夠爲太太安排舒適的寫作環境。他一直不求聞達，所以他們夫婦在時間上沒有一般社會上那樣的衝突。他們的時間都是用在閱讀，談心和創作上。

他們的居所前後都有很大的庭院，卻長滿了亂蓬蓬的荒草，在我個人總覺得這些庭園太荒蕪了。

「有那麼大的庭院，不去整理，實在太可惜，假如我有時間的話，倒很願意來你們這兒當園丁。」我說。

「我們不是不感到荒蕪，而是沒有時間用在整理庭園上。」童眞笑著說。

「那麼你們忙些什麼呢？」

「陪你這樣的客人談天，我覺得比整理花木重要得多。」童眞又笑說。

童眞是個最忠於藝術創作的人。她的聲音是從沈默中發出來的，也就是說她的作品就是她思想的聲音。

慢慢我發現，我愛上了他們家的客廳，愛上了他們住處安謐、寧靜的氣氛，以及她那一群活潑潑的寶寶們。當我能抽出閒暇時，總是在傍晚搭車去他們那兒，享受她的好菜和醇酒，清清靜靜談著些文學上的問題，也交換了很多創作上的意見。很多年來，眞正能夠使我感覺到從談話中受益的也就是同他們夫婦在一起了。

由於創作的風格和見解的相同，使我非常留戀他們那個地方。一個有月亮的夜晚，我們曾從客廳談到餐廳，從餐廳再談回客廳。告別時，他們夫妻送我到糖廠的招待所，我們在明朗的秋月下，在扶疏的花木叢中，忘其所以的一直談到深夜。離開時，才發現火車和汽車都沒有了，我看看錶已經到了深夜一點鐘，我又忘了帶車錢，祇帶著一身的興奮和愉快，就這樣踏著月光走了將近二十多公里的路，直到天亮，才回到家裏去。

童眞不但寫得一手好的文章，在家庭中更是個好妻子，好母親。她對於子女的教育同照顧都是那樣的溫柔、慈祥。具有深厚的愛心。

文壇上的朋友大半知道他們夫婦是以好客聞名的。踏進她家的門眞如到了蒙古，祇要「有朋自遠方來」，夫妻兩個就會放下筆來，忙得團團轉，甚至丟開工作，用很長的時間陪著朋友聊天。

童眞的一手菜是跟著名廚師學來的，您踏進她家，都有大啖的機會。他們離開南部遷到中部，我遷來北部也離開南部。彼此天南地北，相隔很遠，雖然涎垂三尺，久欲去潭子盤桓，但也抽不出時間來了。

有些朋友寫過介紹童眞的文章，把她比作袖珍美人，也有的過份誇張地說她體重僅有三十多公斤，但那祇是遊戲文章而已，童眞雖是小巧型的，也不至於眞的能作「掌上舞」罷。

他們夫妻對朋友雖是非常的敦厚、誠懇、熱情，但他們實在是有著嚴肅的一面，對於人生的忠實，對於作品的不斷尋求的態度最使人敬佩。

童眞從事創作，已有十多年的歷史了，十多年來除了勤勉創作之外，她從沒爲自己呼喊和標榜過什麼。如果說童眞是一隻鳥，那麼她該是隻沈默的天堂鳥，她只在作品裏面發出清脆悅耳的鳴叫，決不像一些麻雀，總是吱吱喳喳地洋洋自得。早先，好像曾有人說過一個笑話：說作家王爾德，編劇上演，觀衆非常稀少，有些人就問他：

「你的戲情形如何？」

「戲是非常成功，但是觀衆卻失敗了。」王爾德說。

要是把這個笑話引用在童眞的作品上，正是同樣情形。

童眞不是個多產的作家，她每天大部份的時間沈浸在創作裏面，所出版的也不過是薄薄的幾本書。從她「古香爐」「黑煙」到「愛情道上」到「爬塔者」，「霧中的足跡」、「彩色的臉」，以及最近所寫的「車轔轔」同「夏日的笑」這幾部創作，我們可以看出她的作品在不斷的進步，我個人總是在想：一個作家最難得的就是能夠不斷地否定自己以往的成就，朝更高處去攀越，如果不是這樣，光是一部又一部地出產同樣作品的話，那就是一個文匠了，也就是說沒有不斷的引昇，那些作家失去了創作的原始動力，也就是殭化，停頓的訊號。在這方面，溫柔而纖巧的童貞是無比嚴肅，無比堅韌的。

假如以單純的商業價值去看，童貞的幾本書可以說是毫無商業價值的，大部份的讀者都不能夠接受她的作品，在這方面，童貞可以說是有些兒寂寞。但，我想不但是童貞，任何一個有深度的作家，都有著耿介的性格，不會去迎合大衆的口味。事實上，她忍受得住這種寂寞，從來沒有把這種寂寞掛在心上，她心裏所想的祇是讓寂寞幫助她，使的作品，在寂寞中悄悄生長，使它發出更深厚、更悅耳的聲音。

雖然我們不常相聚，但我總有一種奇怪的情感，就是當我在思想，在寫作的時候，我們的精神、我們的思想都會在一束燈的圓光下相遇相契。我想，這些眞純的友情，對於童貞是很重要的，像現在遠在美國的聶華苓，像我們這些在臺北的朋友，隨時都在記掛著她，記掛著她的創作，這種彼此間無聲、無形的鼓舞與激勵，對於彼此都有很大的幫助。不管是我個人，或是童貞，或者是其他的朋友，每有新書出版的時候，一定要先寄給對方，並且誠意地接受對方的批評。這些批評的嚴格，會嚴格到出乎意外的程度，我個人有很多作品，都接受過童貞所給我的意見。

在創作上，童貞的立足點站得非常的穩。她對於文學的認知也是非常的深。她的作品從不在皮相上求新，而是在實質上、深度上、表達上，求精、求深、求新。所以她的作品，無論站在傳統的，或是現代的角度上去看，都是夠穩實的。她的生命經歷，比起一般作家並沒有什麼特殊的地方，她早年在浙東鄉土上的生活，算是東方閨閣的生活。後來雖然經歷過民族整體的離亂，但是她並沒有實際地接觸那些廣泛的各階層的生活。從少女到主婦，她的生活面廣度和深度都嫌不夠，由於她創作的心意堅韌，因而她作品的表達面盡量地拓廣，同時她能夠秉持熱愛，不斷地吸取生活知識，溶入她的生活，再發而爲文。

我個人覺得對於時代生活的認識，實在是創作最重要的基礎，因爲我們單有概念是不夠的。童眞也深深明瞭這點，最可貴的是，她在作品中處處流露著她對整個民族人群生活的關心和那種純粹的母性之愛。童眞雖然在這方面使人稱讚，但是，我覺得文學作品除了內容同取材，表達的深度也佔著很重要的部份。這一部份正是童眞和我們共同追求著的。

生活在當代的作者群，在創作生活中感覺到最痛苦的就是藝術與生活的雙重重擔，同時落在一個人的雙肩上面，顧慮到現實的生活，就妨害到藝術的精度，顧慮到藝術的精度，就會使現實生活的壓力加倍深重。童眞雖有著家庭，有著這麼多子女，爲他們的教育與求學要分去不少心血，同時一個女作家，無論她的家境怎樣，總是有很多瑣碎的家務去待她親自的操心料理。由於陳森兄很能爲她安排，使她能夠長久保持著一個安定的，不爲柴米焦愁的理想寫作環境，所以她在生活顧慮上應該是比較少。也正由於這樣，這些年來，她作品的進步是飛躍的。在「霧中的足跡」、「車轔轔」這兩部長篇裏，她所表露的技巧使我自愧不如，我相信她這一部長篇近作——「夏日的笑」，一定會有更好的表達，使我去領會，去學習。

自他們遷居到中部潭子鄉後，我們差不多也有將近四年的時間沒見面了。我對於他們夫婦的懷念，好像懷念著遠去美國的聶華苓大姊一樣。在夜晚，我常會面對著攤開的稿紙，任思緒像游絲般的遠行，從回憶當中去想念他們。

憶及在大貝湖初次同他們夫婦見面的景況，以及我在他家非常靜雅的客廳裏所閒談的問題，眼前便會浮起她的影子，她從作品的拓展中把她帶領著走出了閨閣，走向了這一個廣大的社會。但是她的人還是保有著東方的閨秀風格，高雅的氣質和溫文的談吐。在她的話語裏面可以揀拾到很多靈明的透徹的觀念，在在地給我啓發。也許中國古語說得對「一瓶不響，半瓶叮噹」。我想他們夫婦所以能夠固守沈默的原因，也許是他們認識文學這條道路是非常的遙遠，非常的艱難罷？等於我們在爬山一樣，除了懷著某種怔服什麼的心情，含蓄虛心地朝上爬外，那裏還有餘閒去昡示自己呢？我們想征服什麼，結果總是被山征服了。擁抱文學也正這樣，我們總是想不斷地攀援，不斷地引昇，不斷地去征服，但是最後我們還是被文學征服了。

我不敢說，童眞目前的作品，達到了如何如何高的水準，至少，她這種耐得寂寞和在寂寞當中不斷追求的精神，給我太多的鼓舞。

童眞的身體不太紮實，由於過份勤勉創作的關係，有一度時間幾乎患上了肺病，但是後來她寫信說：她的病已經慢慢地轉好了。更由於她常常夜晚伏案爲文，以致她的腰部常有酸疼的現象。一般的東方人由於營養，生活同體格的關係，創作年齡都比西方人要短，同時中國的文字，不像西方拼字母的那種方式，可以坐下來就打字，必須要一筆一筆地澆著心血寫在稿紙上，所費的功夫也比較大，我們希望童眞在創作之餘，還是要避免過份的操勞，同時盡量地注重身體的保養，使得她能夠有那樣的精神，那樣的體力支撐著，使她創作年齡有一般比較長久的時間。這樣她才能夠有充份的精力，去完成她龐大的創作的構想，使得那些構想，都變成一部部擲地有聲的作品，給我們這座荒涼的文壇帶來更多清新的、悅目的聲音。這就是我個人恒在祝福著並且盼望著的。

童眞，這隻沈默的天堂鳥，她仍會在以後的很多作品裏發出她的鳴唱，我懇切地希望很多青年朋友們能夠進入她的作品，細心地去體會，去體會到一個精心創造的藝術品同贋品之間不同，同目前粗製濫造的那些所謂「閨閣派的小說」完全不同；我覺得世界上最好聽的聲音就是思想的聲音，這種聲音，在童眞的作品裏面是充份流露著的，就好像我幼時讀著張愛玲的作品一樣，也許童眞沒有張愛玲那樣高的才華，但是她比張愛玲更有耐心，她在不斷地鍛鍊著她的功力，有一天，她的功力自會補足她才華的不足；在文學藝術越來越蓬勃發展的今天，一些比較精煉的藝術作品，應該逐漸被廣大的讀者群所喜愛，童眞的寂寞不會太久了。

鄉下女作家童真

夏祖麗

鄉下人總是要比城裏人早起的。住在彰化溪州西螺大橋邊的女作家童眞就是一個早起的人。二十多年來，她早已習慣了在早晨五點半就起床了。起床後總是先整理那一百五十坪大院子，她在那裏種植了十幾種果樹、三十幾種花草；在每一季氣候沒有明顯變化以前，那些屬於這個季節的花草果樹都已經盛開了。她家的春天總比別人家的先來到。

童眞很喜歡一個人靜靜地觀察那些花草。她認爲它們在早上看起來有早上的色調，晚上又有晚上的光采。一枝花草從盛開到凋謝就像喜怒哀樂的人生一樣。

早上，弄完了早飯，送走了丈夫和兒女去上班、上學後，她就提著菜籃去買菜。鄉下的青菜便宜又新鮮，都是農婦們挑著自己種的菜去賣。她總喜歡多撿幾種菜買回家，吃起來特別清香好吃。

每天買完菜回家時，都要經過一大片草坪。雖然家就在眼前，但每次仍忍不住要在誘人的綠坪上休息一下。這一大片地原是台灣糖業公司的糖廠，後來拆掉了，就種了許多樹木、花草，整理成一個公園。

她每天煮飯、燒菜的時候，也就是她構想小說的時候。她說，那時，她的手在忙，心裏卻有空，就把平時看到或聽到的一些人物和事情拿出來想，把它編成一個故事。一邊燒菜，一邊想，也使枯燥漫長的廚房生活變得有趣而短暫。也許有人會想她大概常會把菜燒焦了吧！不然，多年來的主婦生活已經把她訓練得一走進廚房就輕巧俐落起來了。一個小說故事構想好了，她又會在廚房裏思考用怎樣的人物來表現這個故事的主題和思想。故事中的主角和主要配角出來了，她才開始寫。寫好了，再修改。她的小說都很合情合理，讀者很容易接受。

她不喜歡寫大綱。她的第一本長篇小說「愛情道上」是先寫大綱，然後再寫成的，她自己不很滿意。後來她就不寫大綱了。

童眞是不習慣坐在書桌前構思的。每當她坐在書桌之後，就開始寫。她是一個愛乾淨的人，家裏的地板總是刷洗得很乾淨，窗戶擦得光亮，她的書桌卻是亂得不得了。桌上是什麼東西都有，有稿紙、有東歪西倒的墨水瓶、藥罐、有廢棄的痱子粉罐，這塊見不得人的地方卻是她的小天地。每當她搬一次家，她就把桌上的那些亂七八糟的東西都丟掉，把書桌好好地整理一番，但是沒有多久又恢復了亂七八糟樣子了。別人看來越是亂，她卻越覺得有秩序，這似乎也是許多作家的毛病之一。

每天下午是她一個人的天下。她喜歡先小睡片刻，起來後靜靜地坐在客廳看書，有時看倦了，她就到院子裏或公園裏去散散步，那裏有許多參天的大樹，有時她可以在那兒坐上半天。這種享受是她這幾年才有的，從前，因爲孩子小，她就沒有這份清閒，現在，兩個大兒子和一個女兒都離開家到外地去唸大學，小兒子也是整天在學校裏。

晚上八點到十一點是童眞寫作的時間。她寫稿子從不熬夜，也不抽煙或喝茶，只是要絕對的靜。鄉居的生活倒很能滿足她的這種習慣，因爲鄉下人沒有什麼娛樂，大家都睡得很早，不到十點鐘已經是寂靜無聲了。這使她能安心寫作，也是她一直到現在寫得很勤的原因之一。

她的丈夫陳森在台灣糖業公司工作，也經常翻譯英美小說和文藝理論的文章。二十多年來，童眞一直隨著丈夫住在台糖公司的宿舍裏，從花蓮光復、高雄橋頭、臺中潭子到現在的彰化溪州，一直沒有在大都市裏住過。

鄉居的生活使得她很少與外面的人接觸。也許是這個緣故，她到現在仍說一口寧波話。她自己常開玩笑地說：「我的寧波話說得太好了，所以國語說不好。」有時，她的「阿拉寧波」話一出口，就連她的兒女都不太聽得懂呢！

語言上的隔閡也許就是她不善交際的原因之一，遇到生人就會有些木訥。如果你和她靜靜地、慢慢地聊，你又會發覺她是個很會聊天的人。她的那口硬繃繃的寧波官話倒也相當吸引人。

童眞本人給人非常「鄉下」的感覺，她描寫起都市來卻什分道地，寫盡了都市百態，她是一個很善於描寫都市生活、都市人的作家。

她說：「我難得到臺北去一次，每去一次對都市生活的改變都特別敏感，我想這也許是我自己隔了一個距離去看都市，反而比生活在都市裏的人感受得深。」

「我喜歡都市生活的某一部分，比如聽音樂會、看話劇、看畫展；但是我更喜歡鄉下的生活，也許我已經是鄉下人了。」

常看童眞的小說會發覺她也很善於描寫人物，她把人物刻劃得很深入透徹。問到她是怎樣去構思一個人物的？她說，小說中的人物是虛構的，卻要很細心地去揣摩，想像某種性格的人會穿什麼樣的衣服，會說出怎樣的話？然後很自然地把這個人物發展下去，能讓人覺得他們是在日常生活中常會見到這種人。她認爲人物是小說中最重要的部分，一個人的家庭背景會影響到他的心理，心理又會影響到他的性格行爲，描寫一個人物時，要把各方面都寫出來，這個人才會立體化。小說中的人物總要比普通人特別一點，如把普通人寫進小說去，總要把他化妝一下。

她的生活圈子有限，她寫作的題材卻很廣。她是怎麼樣去發掘題材的呢？她說：「嗯！一個小說家能寫出這麼多種不同的人物、不同的生活，倒並不一定非要去親身經歷；他可用自己敏銳的感觸、廣博的同情心、豐富的想像力和哲學的基礎來把主題深刻化，用有力的故事深深地打動人心。

「當然，如果描寫自己熟悉的生活或人物會更眞實，更成功些。我的『夏日的笑』有幾章是描寫監獄的生活，『寂寞街頭』，有幾章是描寫工廠的生活，我曾多次到監獄和工廠裏去參觀。小說家的感觸總是要比一般人敏銳的，有時，一件事情在表面上看起來很平淡，卻有它的不平凡之處，這也就是小說的題材。」

說到這裏，她好像想起了一件事，就笑了起來說：「我的腦子常常會胡思亂想，有時我在炒菜時忽然會想到客廳裡的傢俱擺設該換換了，等我的先生回來了，我就把這意見告訴他，但我的那些突如其來的想法往往會被他否決掉。我認爲我這種喜歡東想西想的毛病有時對寫作卻是有益的。我覺得豐富的想像力是一個小說家絕不可少的。」

曾經看過童眞寫的一個短篇小說「僅有的快樂時光」，文中是描述一個得了癌症去醫院求診的老人的故事，她把醫院的氣氛和老人的心情都抓得牢牢的，讓人讀後非常感動，問她在怎樣一個情況下寫成這篇文章的，她說：「有一年，我右手的兩隻手指有點小毛病，不能寫字，就常到醫院去照鈷六十。我在醫院裏遇到了一個得了癌症的鄉下老人，他知道他自己快死了，卻對生死看得很淡，他那種表情和那種對人生的看法給了我很深的感觸，我就以他爲主角，寫了那篇『僅有的快樂時光』，後來，很多人都告訴我他們喜歡這篇文章。你說我把醫院的氣氛和老人的心情捕捉得很成功，我想主要是那件事情留給了我很深的印象。」

童眞覺得短篇小說比長篇小說更能表現不同的形式，寫過長篇後，寫短篇是一種調劑。她覺得寫長篇很苦，前面寫得好，後面也要好，不然，前面就等於浪費了。她寫作時也常會遇到困難，她不怕難，卻喜歡難，她覺得越是困難處，也越能表現技巧，也就是最能拿出一點東西來。

目前，童眞已經出版了六本長篇小說、五本中篇小說、四本短篇小說集。她的作品在結構和形式上都很新，她認爲藝術貴在多變，如果老寫某一種形式的小說，就會讓讀者覺得枯燥，她寫作時總是儘量嘗試各種形式。她希望變新，但絕不勉強自己去變，或變得離譜。她說：「福克納曾經說過『人不要超越別人，要超越自己』，我希望自己能夠做到這一點，那我在寫作上就會更進一層了。」

女作家童真

鍾麗慧

有人說，婚姻是女人生命的分水嶺。女作家童眞女士的寫作生命就是開始於婚後，因爲她的另一半陳森，是位翻譯家，經常翻譯英美小說和文學評論文章。更重要是陳先生認爲她是「一塊『可琢之玉』」。

夫婿知其爲「可琢之玉」

童眞曾寫過：「現在想來，我是大大地上了他的當，以致二十年來（時爲民國六十年）我苦苦追求，熬夜來捕捉那個飄忽的夢——像在春三月的田間捕捉那隻翩飛的七彩粉蝶。」其實，她已捕捉了七彩粉蝶，擁有五本短篇小說集、五部中篇小說、七部長篇小說的創作成果。

童眞如同大多數的作家，先從散文著手，爾後才從事小說創作。民國四十年開始寫短篇小說，當時她隨任職臺灣糖業公司的夫婿住在花蓮縣光復鄉。自幼孱弱的她總是寫寫病病，或是邊寫邊病。

四十四年底，以「最後的慰藉」這個短篇小說，獲得香港「祖國週刊」徵文的「李白金像獎」。這個獎鼓勵她更勤奮地創作。

四十五年，舉家遷往高雄橋頭，她「在搖滿鳳凰木綠影」的小書房裏寫下很多短篇、中篇。

四十七年五月，由高雄大業書店出版第一本短篇小說集「古香爐」，收有十四個短篇小說：「古香爐」、「最後的慰藉」、「春回」……等等。作者在後記裏說：「有幾篇著重於心理嬗變過程的剖解；有幾篇著重於人物的刻畫；有幾篇著重於闡釋小小的眞理。主題是以發揚人性爲基點，而以發揮人性、追求人性光明爲終點。」

在此同時，臺北自由中國社也出版了她的第一本中篇小說集「翠鳥湖」。

四十九年八月，由臺北明華書局出版第二本短篇小說集「黑煙」，收有「黑煙」、「熄滅了的星火」、「穿過荒野的女人」等十四篇。

司馬中原曾說：「嚴格起來，『黑煙』只是童眞試煉作品的綜合。那一時期，作者自知她龐大的創造野心與其內在經驗世界的周極不成比例，形成過重的荷負、過巨的精神壓力；但她仍像一隻蜘蛛，在風暴中綴網。

「她初期的短篇作品，恆以其理想的生存境界爲中心，欲圖構建成一圈圈縱橫柔密的閃光的環繞。她精神的質點與作品的價值，全建立在內發的眞誠上。她創作的道路，不是單一的直線，而是一面綜錯的網。

「以『黑煙』言……她已經把她思想的觸角探入煙雲疊壓的歷史，探入熙攘喧呶的大千世界，雖未直入中心，亦已觸及邊緣。

「在早期，童眞的短篇作品就顯示出現代感覺和淡淡的現代色彩了。『黑煙』所收各篇，就氣韻說，是清麗典雅的。」

民國五十一年，完成第一部長篇小說「愛情道上」，於民國五十二年六月，由高雄大業書店出版。

童眞自述：「很多人的第一部長篇彷彿都有自己的影子在，而我卻沒有……。但它卻帶給我一個好處：寫了它，就使我有膽量寫第二部。」

這第一部長篇小說，是她先寫好大綱，再依大綱慢慢寫成的，她自己不很滿意。此後，她就不寫小說大綱了。構思完成，確定所要表達的主題、幾個主角的性格和職業，以及幾十個字能夠說完的故事，就動筆了。

司馬中原說：「『愛情道上』一書，童眞取其最熟悉的浙東小鎭——章鎭爲背景，那兒是她安度童年的家鄉，也是她早期經驗世界的中心，人物活動其間，實應充滿色彩濃郁的鄉土風情。」

民國五十一年是童眞豐收的一年，除了在「中華日報副刊」連載「愛情道上」外，一口氣在香港出版了四本中篇小說集——「黛綠的季節」（友聯書報雜誌社）、「相思溪畔」（環球圖書雜誌社）、「懸崖邊的女人」（鶴鳴書業公司），和「紅與綠」（虹霓出版公司）。

民國五十二年十一月，由臺北復興書局出版第三本短篇小說集「爬塔者」，收有的十九篇是「爬塔者」、「溪畔」、「眼鏡」、「花瓶」……等。

小說如東方的錦繡

五十三年，童眞又搬家了，仍搬到小鎭上——臺中潭子。在這個新家她著手寫第二部長篇小說「霧中的足跡」，以自流井爲背景。

「霧中的足跡」頗獲司馬中原的青睞，他前後讀了九遍才撰寫評論。司馬中原認爲：「『霧中的足跡』是童眞極爲堅實的產品，一幅精緻的東方的錦繡；她自其經驗世界的深微處作小角度的切入，托現出一些已逝時代中常見的眞實人物。像揹負著男性傳統優越感而又渴求眞實愛情的文岳青，企圖以本身勇氣摒除傳統囿限、追求理想愛情的林範英，叛逆社會不合理壓力、顯彰獨立自我的江易治，接受新教育薫陶、感受新舊觀念衝突、而實際身受其痛的林範強，純情而天眞、涉世不深的許舒英，質樸不文的長春和小梅……她把這眞實人物放置在自流井產鹽地這樣眞實的背景上，任他們按照各自本身的意識去決定他們自己的命運和歸宿。

「這樣嶄新的手法運用於長篇作品，是一項空前的嘗試，因它破除了傳統的『架構』方法。『霧中的足跡』不是刻繪愛情的『故事』，而是那一時代人生的顯形。在書中，童眞隱退了，她既非旁述者，亦非代言人；她唯一繪出的，就是她所親歷的時空背景，她把那些眞實人物，融在那樣的背景當中。『霧中的足跡』所表達的愛情悲劇，不是出諸童眞的臆想，而是出諸時代的壓力；不是出諸外在的行爲，而是出諸內在的意識；不是限於悲劇的主人，而是所有那一時代人物的無告的沈愴。」

童眞自己也說：「我寫『霧中的足跡』的動機，無非是想抓住那個時代的情景、人物、思想、衣飾……給那個時代留下一角剪影而已。」

在創作「霧中的足跡」的同時，童眞也寫了不少短篇小說，於民國五十四年八月，由臺中光啓出版社出版「彩色的臉」一書，收有「彩色的臉」、「風與沙」、「一個乾燥無雨的下午」、「黑夜的影子」等十二篇。

司馬中原曾說：「『彩色的臉』一書，使童眞獲得極高的評價，被譽爲成功的現代作家，這評價正是她初期碰索的結果。」

其實，在那一時期她還有許多短篇小說作品發表，直到民國六十三年七月才結集成書——「樓外樓」，由臺北華欣文化事業中心出版，共收有「樓外樓」、「純是煙灰」、「僅有的快樂時光」、「夜晚的訪客」等十一篇。

其中「樓外樓」是她最喜歡的作品。她說：「我常喜歡把好幾層涵義同時編織到一個短篇裏，乍看是這樣，但底下卻可能還有一些。……『樓外樓』，『表面』只是一個人爲了愛妻去追求一座新樓，而最後卻寧可爲了獲得新樓而把妻子拱手讓人，但『底下』卻是把追求新樓作爲追求理想的象徵；一個人，幾經挫折，追求的雖仍是那個目標，但本質卻已改變。

人生的悲哀就在這裏。至於物慾與情慾的無法滿足以及兩個同業因機遇的不同而『昇』、『降』有殊，則只是另一些涵義而已。」

另外，「純是煙灰」是侯健教授頗感偏愛的小說，他說：「它揉合了悲天憫人，在不動聲色的斂抑裏，渲染出濃重的感傷色彩。故事是民國三十八年大動亂的餘波。周少勃和玉茹，是亂離中共患難的一對，卻因爲少勃的傳統——不忍說是舊——道德的束縛，不敢乘人之危，錯把愛情認做自私，以致自誤誤人。少勃的錯誤婚姻，從自敘與烘托兩種方式裏逐漸透露。方法仍是斂抑的——比較狄更斯處理孝女耐兒之死或『紅樓夢』及『花月痕』裏面，黛玉和韋痴珠之死，和海明威的『戰地春夢』中凱西之死，就可以了解這種方式的特質。『我』和少勃，都是舊了的人，大約也可以說是小人物，他們有濃厚道德執著，卻也有持久不變的感情——友情和愛情。題目的『純是煙灰』大約是人生一切的最終譬喻。『昨夜有風』始，『今夜沒有星辰』應當是『昨夜星辰昨夜風』和『如此星辰非昨夜』的綜合。前者是李商隱，『此情可待成追憶』的李商隱；後者是黃仲則，落拓潦倒的文人。這一切是人生的諷刺？……而對小人物所遭遇的自我衝突，價值與行爲上的衝突，表現得餘意盎然，而其人性是美麗的。」

女作家林海音則喜歡「僅有的快樂時光」一篇。「僅有的快樂時光」寫的是患癌症的老人，在醫院遇到同病相憐的老人，後來兩人結伴同遊，共享僅有的快樂時光，小說中另穿插小孫女的理想和願望，代表充滿希望的年輕生命。

童眞說：「這篇主要寫老年人不畏怯死亡，以及兒女忙碌，同病相憐的老人結伴同遊，追求晚年的快樂時光。」

很多文友或讀者都讚美她把醫院的氣氛和老人的心情捕捉得很成功。她說：「有一年，我右手的兩隻手指有點小毛病，不能寫字，就常到醫院去照鈷六十。我在醫院裏遇到了一個得了癌症的鄉下老人，他知道他自己快死了，卻對生死看得很淡，他的那種表情和那種對人生的看法給了我很深的感觸，後來，我就以他爲主角，寫了那篇『僅有的快樂時光』。我想主要是那件事留給了我很深的印象。」

直到今天，童眞仍自信這篇短篇把老人的心理揣摩得很仔細。

五十六年元月，光啓出版社又出版了她的十八萬字的長篇小說「車轔轔」，她從五十四年新春執筆，到第二年三月才完成，五月開始在「新生報副刊」連載。

「車轔轔」中有三位女主角：白丹、紀蘭、史小曼。白丹是個善良、單純的好女孩，但不知道自己追求的是什麼；紀蘭是最有理想的一個，不顧一切阻力追尋她的理想，她喜歡戲劇，是個熱心的贊助者；史小曼則談不上理想，但懂得抓住機會追求物質享受。

童眞述說創作「車轔轔」動機：「那時，因爲有感於文壇的捧『角』之風甚盛，文藝眞僞不分，也少價值觀，我雖出身商業世家，總認爲在商固可言商，在文卻也只能言文，這觸發我構思一部以描繪這一代的迷惘、慾求、堅韌與職責爲主題的長篇，於是，我就開始撰寫『車轔轔』。『車轔轔』對那一期間的藝文界有批判，也有建議；據我所知，當時似乎還沒有一部作品這麼犀利地指向那一方面的。」

五十八年二月，高雄長城出版社出版了她的第四部長篇小說「夏日的笑」，文長達四十四萬字。這部小說自五十五年六月動筆，至五十六年六月才完稿。她說：「寫作經年，無日或息，熬白了半頭黑髮。」足見其嘔心瀝血之苦。

「夏日的笑」甫出版不久，「現代學苑」雜誌的「書刊評介」欄，由老松執筆說：「在幾乎分不出『文藝』與『言情』的現今文藝創作裏，這是一本值得推薦的文藝小說。內容以一個平實而健康愛情故事為主幹，並以三種不同的愛情方式去陪襯它，場面十分熱鬧。」

同年五月，臺北立志出版社出版了童眞的第五部長篇小說「寂寞街頭」。她曾為了書中有幾章描寫工廠的生活，多次前往工廠參觀。這部二十八萬字的長篇小說，著手於五十六年十月，至五十七年十月完稿。她說：「該文前半部寫於臺中潭子，完成於彰化溪州。西晒的房間，夏日苦熱，整天以電扇助涼，卻因此患上了風濕痛。」

儘管病痛纏身，體重總維持四十來公斤，她仍寫作不輟。

五十九年九月，臺北立志出版社出了她的第六部長篇小說「寒江雪」，二十八萬字。意寓人生在追求目標的過程中，得失無常，禍福難料。

六十三年十月，她又完成第七部長篇小說「離家的女孩」，十六萬字，曾在「中華日報副刊」連載，尚未出版。

寫了十一部小說

數一數童眞女士筆耕二十餘年的成績，共創作了五本短篇小說集、五本中篇小說集、七部長篇小說。

六十六年，她再搬回臺中潭子定居，因爲健康情況不佳，而不再從事心力交瘁的小說創作了。她說：「現在儘有時間欣賞別人的作品了。」

對於自己的小說作品，童眞自剖說：「不光是寫故事。寫小說不是寫故事，我寫的是人物、我的見解、我的人生觀……但不明白地說出來，讓讀者自己去細細地讀，慢慢地體會。」至於寫作的態度，她說：「我專心專意地寫，不爲名利。因此今天，再回頭看我小說，我完全沒有後悔。」

她的好友司馬中原稱她爲「沈默的天堂鳥」，司馬中原說：「童眞從事創作，除了勤勉創作之外，她從沒爲自己呼喊和標榜過什麼。如果說童眞是一隻鳥，那麼她該是隻沈默的天堂鳥，她只在作品裏發出清脆悅耳的鳴叫，絕不像一些麻雀，總是吱吱喳喳地洋洋自得。」

又因三十多年來，她總住在鄉間小鎭——花蓮光復、高雄橋頭、臺中潭子、彰化溪州，直到現在定居臺中潭子，而且她又很少參加文藝界聚會，因此，又被夏祖麗封爲「鄉下女作家」。

這位民國十七年出生於浙江商業世家的女作家，在結婚前從未有當作家的志願，她回憶當年說：「入學而後，我最突出的功課不是國文而是數學，因此，我在日後攻會計的姊姊的勸導下，遠豎在前方的標牌上，寫的也是工程師，而非寫作家。」後來，她自覺身體不適於工程鉅任，面臨抉擇的關鍵，卻遇到她的業餘翻譯家丈夫，她憶述：「當時，陳森是以才子型的姿態出現的，他能寫論文，能譯小說，但卻理智得不會寫小說。不會的，總是最好的，他就把這個無法實現的理想建築在我這個瘦女人的身上，認爲我是一塊『可琢之玉』……」

幸虧有陳森先生這位掘玉礦的人，否則，文壇將失去一塊璞玉。

一九八五年四月（民國七十四年四月）

一個具有三種年齡的女人

陳森

說她像個女孩子也好，說她像個中年的黃臉婆也對，甚至說她像個老婦人也沒有什麼不是；反正，在我看來，她是兼具三種年齡的女人。

他的父母給了他一個很有筆名味兒的姓、名——童眞。有時，我想，或許，正因爲這個姓名，促使從小學開始，數學成績一直遙駕其他各科成績之上的她從事於耍筆桿的活兒。她有一顆不怕上當、何妨糊塗的心，有雙能夠數清大樹高處葉子的年輕眼睛，有在熟人面前毫不克制的笑聲，當她在家裏跟孩子們一道歡笑時，外人很難分辨出那笑聲裏還摻雜著一個屬於孩子的母親的。那時，她就很像一個女孩子。但她瘦弱，時常鬧些小病，感冒發熱，腰酸背痛，這時，她就臉也不洗，頭也不梳，懶拖拖地一邊做事，一邊埋怨我不會替她買菜、燒飯，孩子們不會幫她洗衣掃地，那種嘮叨勁兒以及憔悴模樣，就像一個令人厭煩的黃臉婆。而近五、六年來，她接連寫了五個長篇，把一頭烏髮寫成花白，再配上一身暗色的衣著，從背後望去，幾次被人認爲是老太太。然而，在某個冬日，她竟能覆上頭巾，頂著冷風，興致勃勃地趕去看她那個寄宿中市，就讀高三的大兒子；後來，兒子回家說，同學們硬說那天去看他的是他的大姊！

童真作品目錄

書名	類別	出版者	出版年月
①翠鳥湖	中篇小說	自由中國社	民國47年
②古香爐	短篇小說集	大業書店	民國47年
③黑煙	短篇小說集	明華書局	民國49年
④黛綠的季節	中篇小說	香港友聯公司	民國51年
⑤相思溪畔	中篇小說	香港環球出版社	民國51年
⑥懸崖邊的女人	中篇小說	香港鶴鳴書業公司	民國51年
⑦紅與綠	中篇小說	香港霓虹出版社	民國51年
⑧愛情道上	長篇小說	大業書店	民國52年
⑨爬塔者	短篇小說集	復興書局	民國52年
⑩霧中的足跡	長篇小說	長城出版社	民國54年
⑪彩色的臉	短篇小說集	光啓出版社	民國54年

⑫車轔轔　長篇小說　光啓出版社　民國56年
⑬夏日的笑　長篇小說　長城出版社　民國58年
⑭寂寞街頭　長篇小說　立志出版社　民國58年
⑮寒江雪　長篇小說　立志出版社　民國59年
⑯樓外樓　短篇小說集　華欣文化中心　民國63年
⑰離家的女孩　長篇小說

童真作品評論索引

篇名	作者	期刊名	刊期	時間	頁次
①童眞女士的兩本書：「翠鳥湖」、「古香爐」	王鼎鈞	自由青年	19卷10期	47年5月	頁10～11
②論童眞（階段評論）	司馬中原	台灣新生報		55年7月5日～6日	7版
③沉默的天堂鳥	司馬中原	幼獅文藝		55年9月	
④車轔轔	老松	現代學苑	4卷7期	56年7月	頁42
⑤夏日的笑	老松	現代學苑	6卷5期	58年5月	頁40～41
⑥鄉下女作家童眞	夏祖麗	婦女雜誌	45期	61年6月	頁40～41
⑦「樓外樓」讀後	張茲棟	中華文藝	8卷4期	63年12月	頁100～102
⑧「鄉下女作家」童眞	鐘麗慧	文藝月刊	190期	74年4月	頁13～20
⑨車轔轔兼論小說的故事	詹悟	台灣日報		73年9月2日	